NAS CURVAS
DO TEMPO

Catalogação na Fonte
Elaborado por: Josefina A. S. Guedes
Bibliotecária CRB 9/870

R467n Rezende, Oscar
2019   Nas curvas do tempo / Oscar Rezende.
         1. ed. - Curitiba: Appris, 2019.
         193 p. ; 23 cm

         Inclui bibliografias
         ISBN 978-85-473-2695-1

         1. Crônicas brasileiras. I. Título. II. Série.

CDD – 869.3

Editora e Livraria Appris Ltda.
Av. Manoel Ribas, 2265 – Mercês
Curitiba/PR – CEP: 80810-002
Tel: (41) 3156 - 4731
www.editoraappris.com.br

Printed in Brazil
Impresso no Brasil

Oscar Rezende

NAS CURVAS DO TEMPO

Editora Appris Ltda.
1.ª Edição - Copyright© 2019 dos autores
Direitos de Edição Reservados à Editora Appris Ltda.

Nenhuma parte desta obra poderá ser utilizada indevidamente, sem estar de acordo com a Lei nº 9.610/98. Se incorreções forem encontradas, serão de exclusiva responsabilidade de seus organizadores. Foi realizado o Depósito Legal na Fundação Biblioteca Nacional, de acordo com as Leis nos 10.994, de 14/12/2004, e 12.192, de 14/01/2010.

FICHA TÉCNICA

EDITORIAL	Augusto V. de A. Coelho
	Marli Caetano
	Sara C. de Andrade Coelho
COMITÊ EDITORIAL	Andréa Barbosa Gouveia (UFPR)
	Jacques de Lima Ferreira (UP)
	Marilda Aparecida Behrens (PUCPR)
	Ana El Achkar (UNIVERSO/RJ)
	Conrado Moreira Mendes (PUC-MG)
	Eliete Correia dos Santos (UEPB)
	Fabiano Santos (UERJ/IESP)
	Francinete Fernandes de Sousa (UEPB)
	Francisco Carlos Duarte (PUCPR)
	Francisco de Assis (Fiam-Faam, SP, Brasil)
	Juliana Reichert Assunção Tonelli (UEL)
	Maria Aparecida Barbosa (USP)
	Maria Helena Zamora (PUC-Rio)
	Maria Margarida de Andrade (Umack)
	Roque Ismael da Costa Güllich (UFFS)
	Toni Reis (UFPR)
	Valdomiro de Oliveira (UFPR)
	Valério Brusamolin (IFPR)
ASSESSORIA EDITORIAL	Alana Cabral
REVISÃO	Andrea Bassoto Gatto
PRODUÇÃO EDITORIAL	Bruno Ferreira Nascimento
DIAGRAMAÇÃO	Bruno Ferreira Nascimento
CAPA	Murilo Maciel
COMUNICAÇÃO	Carlos Eduardo Pereira
	Débora Nazário
	Karla Pipolo Olegário
LIVRARIAS E EVENTOS	Estevão Misael
GERÊNCIA DE FINANÇAS	Selma Maria Fernandes do Valle

À minha mãe, Nádia Teixeira de Rezende, que por onde passou semeou o gosto pelas letras.

APRESENTAÇÃO

Há tempos penso em escrever este livro. Sempre tive o desejo de deixar registrado o meu olhar sobre os objetos, as pessoas e os lugares que me acompanham pela vida.

Ele nasce junto a uma nova fase da existência que começo a experimentar – o outono da vida. Dedico-me agora a olhar o passado, sem ficar preso a ele. Esse retorno traduz-se em um catalisador de novas empreitadas.

Ainda há muito o que fazer e escrever. Foi por onde iniciei essa nova experiência. A escrita, apesar de ser uma atividade solitária, tem-me ajudado a encontrar velhos e novos companheiros de vida.

Os textos que escrevo, em geral, têm como cenário a minha terra. Carlos Drummond de Andrade, ao se referir à sua cidade natal, diz que "Itabira é apenas uma fotografia na parede. Mas como dói!". São José do Calçado também é, para mim, um quadro na parede. Não vivo o seu cotidiano, pois estou afastado daquilo que hoje constitui a sua realidade. Nas poucas vezes em que visito a cidade, os meus olhos só veem as lembranças que modificam os seus espaços físicos, transportando-me para o tempo em que estão a infância e a adolescência ali vividas.

É nesse passado que reencontro os lugares, meus pais, irmãos, familiares, amigos, e todas as pessoas com as quais convivi. Tudo isso constitui o ambiente para a maioria das crônicas reunidas neste livro, que agora compartilho com vocês para julgamento.

Nesse contexto, gostaria de agradecer, antecipadamente, àqueles que se juntarem a mim, na leitura destas crônicas inspiradas nos fragmentos históricos da minha vida.

Oscar Rezende

PREFÁCIO

A obra que se apresenta ao leitor é a aguardada reunião de crônicas do autor Oscar Rezende, membro da Academia Calçadense de Letras. A seleção primorosa compõe um mosaico de múltiplos conteúdos, de modo a contemplar os elementos textuais da autobiografia e da memória, contudo, sem perder a essência de prosa lírica, livre e coloquial.

A organização formal do livro, em capítulos e subdivisões, são unidades temáticas que descrevem a trajetória do autor, as vivências e impressões de uma vida "tecida com as linhas do tempo", na exata definição do professor de Matemática que, não se considerando preso ao passado, é capaz de discorrer, com riqueza de detalhes, sobre fatos e eventos vivenciados em tempos pretéritos. Diligentemente, a prosa leva-nos a encontrar *Nas curvas do tempo*, a gênese de sua formação, suas vocações e afetos e, para além deles, a sua cosmovisão do presente: *"Não sou daqueles que ficam a olhar o passado como se fosse o meu tempo, pois o meu tempo é agora. Vejo o passado como uma referência de vida"*.

A linguagem do cronista segue a tradição do gênero, a que o crítico literário Antonio Cândido atribui *"ser amiga da verdade e da poesia nas suas formas mais diretas e também nas suas formas mais fantásticas"*. Um gênero textual e expressão literária que constitui um cânone da literatura brasileira, pela excelência de cronistas – em que se destaca o capixaba Rubem Braga. Autores cujo ponto de partida, segundo Cândido, não é o mesmo *"dos que escrevem do alto da montanha, mas do rés-do-chão"*, porquanto, sem a pretensão do discurso grandiloquente, é próxima da linguagem do cotidiano e das pessoas comuns.

Nos relatos da maturidade, especificamente nas crônicas "As cidades e suas almas" e "Calçado e os seus 'Eus'", o autor transcende a dimensão usual da narrativa formal sobre lugares como entidades geográficas e espaciais, conferindo-lhes identidade e subjetividade próprias dos entes. Na perspectiva fantástica e contundente da obra máxima de Italo Calvino – *As cidades invisíveis*, tal como nas crônicas genuínas e magistrais de Oscar Rezende, a (re)leitura que ambos realizam sobre os lugares possíveis (e os aparentemente impossíveis) alcança o expoente do papel da arte como experiência transformadora.

Inscrevem-se, na elaborada composição de Oscar, os traços marcantes da antropologia social, a partir dos registros sobre a sua terra natal e os personagens que a habitam. Narrativas escritas que afirmam a tradição oral materializada nas práticas locais da contação de histórias e de "causos", verídicos ou fantasiosos. Impossível aos calçadenses, de modo particular, e a tantos leitores naturais de pequenas cidades do interior brasileiro, não reconhecermos a grandeza dos personagens populares tão bem descritos e justificadamente enaltecidos em "Calçado e seus anjos". Em "O tempo e o sonho", texto que tem por fio condutor o relato onírico da luta corporal travada com o "coisa ruim", o cronista leva-nos do riso incontido à reflexão existencialista (não necessariamente nessa ordem), aprofundando a questão das manifestações do inconsciente, dos processos mentais que se efetivam ao passo da existência humana.

Outra perspectiva que se evidencia no conjunto de seus textos literários, funda-se na tradição do pensamento crítico-filosófico. A visão foucaultiana da desrazão pontua a crônica "Eu e a Loucura", em que Oscar resgata as suas primeiras impressões sobre esse evento humano: *"Foi assim que a minha alma de menino assistiu a essa realidade dura da existência humana"*. Mesma visão humanística presente na narrativa "E Pepê virou luz", em que o menino-narrador, com rara sensibilidade, percebe, dos fatos imediatos e trágicos, toda a dignidade existente no contido sofrimento de uma mulher, descendente de escravos, diante da morte de seu filho: *"Aquela cena triste moldou, em minha alma infantil, algo intangível, mas, com certeza, ajudou-me a olhar o mundo com mais ternura"*. Nessa crônica, Oscar faz uma crítica social à escravidão, em sua prática tradicional e atuais expressões: *"Quando morei na Fazenda Velha, testemunhei os resquícios dessa miséria humana que, de certa forma, era naturalizada para nós, à época. Infelizmente, não aconteceram muitas mudanças e, em certos contextos, acho até que piorou, pela violência a que assistimos hoje".*

É patente o seu íntimo comprometimento e racional envolvimento com a objetividade e a lógica, atributos das Ciências Exatas, mas a racionalidade necessária ao exercício da atividade profissional não constitui uma dimensão dissociada da sensibilidade do escritor, haja vista o resultado do somatório de ambas no primoroso texto "Eu e a matemática".

A tessitura textual alinhava-se em estações: a infância ("A primavera, o tempo dos sonhos"), a juventude ("O verão, o tempo da luz") e a maturidade ("O outono, o tempo da razão"). Destarte, encanta-nos iniciar o percurso da leitura a partir das reinações do menino no meio rural onde nasceu e viveu grandes aventuras na condução de seu V8, um automóvel movido à energia vital de uma criança, cujo universo imaginário continha almas de outro mundo, a mula sem cabeça, o Saci-Pererê e outros seres fantásticos.

No verão de sua existência, em tempos mais amenos e amáveis, viveu plenamente as alegrias da adolescência e juventude: o primeiro amor, os carnavais, as festas do interior... Muito embora, nesses processos existenciais, tenha experimentado, por revés, as desilusões amorosas, os desencontros e os conflitos com a "ordem estabelecida" e a autoridade paterna. Um breve tempo, pois logo se vê compelido a ir para a cidade grande e assumir responsabilidades: a educação formal e o desenvolvimento de habilidades para enfrentar os desafios e desvelar novas condições de possibilidades de ser e de existir.

Enfim, no descortinar do *tempo da razão*, as reflexões da maturidade dão voz ao menino, ao jovem e a tantos personagens reais que forjaram o homem que se tornou. Os fundamentos da genealogia compõem "A árvore da minha vida" e "A árvore da minha vida – O outro lado", dois textos que se complementam, com referências aos avós, tios e seus pais, e a descrição dos seus respectivos e ricos traços de personalidade apreendidos "por meio de um olhar muito particular" do cronista. Aos irmãos e amigos, reserva significativas páginas inscritas no campo da memória afetiva, com nuances de humor e gratidão pelas experiências compartilhadas. A expectativa *"em continuar traçando novos galhos dessa árvore"*, concretiza-se nas crônicas em que são destacadas as relações familiares, a partir do núcleo constituído com Ana Maria Bartels Rezende: os três filhos – e uma neta – gerados dessa longeva e sólida união. Em "Eu e as mulheres", "Barbara Bárbara" e "Emoção e razão", a identificação das singularidades acentua a harmonia do convívio entre e com as diferenças, mas, sobretudo, explicita os sentimentos que nutre por Ana e seus filhos que, decerto, são fontes de permanente inspiração e renovado encantamento.

A sensível percepção do universo feminino, em sua complexidade, perpassa grande parte de sua produção literária, em concepções que rompem com a dicotomia dos gêneros. Por estreitos vínculos e convivência, afirma ter *"desenvolvido a alma feminina"*, tornando-se capaz de compreender as suas especificidades, ainda que *"só um pouquinho"*. Reserva um capítulo – "As companheiras no tempo" – para a publicação de crônicas assinadas por Nádia Teixeira de Rezende, sua mãe e por Maria das Dores Teixeira de Rezende Raggi, sua irmã. Nesse movimento, revela as origens do seu apreço e do talento inato para a arte literária.

Concluída a leitura (e a releitura), sem pretender transformar a apreciação à obra literária em um tratado, é a condição de leitora que nos deixa à vontade para, minimamente, registrar as impressões e sensações que experimentamos ao empreender, com nosso conterrâneo e contemporâneo, o fascinante percurso em que se entrelaçam o que define como *"as três dimensões que constituem a nossa jornada pela vida: as lembranças do passado, o viver o presente e a esperança no futuro"*.

Débora Brasil
Membro da Academia Calçadense de Letras

SUMÁRIO

PARTE 1

A PRIMAVERA, O TEMPO DOS SONHOS 17

MENINOS DO INTERIOR 19
O MENINO DA PORTEIRA 21
A "MATA", O SACI E O SONHO 23
A MINHA MARIDINHA 25
O VERÃO DE 61 27
AS EMOÇÕES DO VERÃO DE 61 29
À SOMBRA DE UMA AGULHA 32
O CACIQUE 35
O MEU V8 37
O QUE VOCÊ QUER SER QUANDO CRESCER? 40
OS ANIMAIS 42
O ESTRANHO 45
A IRMÃ CAÇULA 47
E O PEPÊ VIROU LUZ 50
O NOSSO BARÃO DE MAUÁ 53
O RELÓGIO 55
EU E A LOUCURA 57

PARTE 2

O VERÃO, O TEMPO DA LUZ 61

A CASA MAL-ASSOMBRADA 63
AS CADUQUICES DA VOVÓ 65
CERCADO DE IRMÃS POR TODOS OS LADOS 68

JOÃO BATISTA 71
AS FESTAS DE MAIO 73
O JEEP E O JOÃO 76
MENTIRA COM AZAR 79
CARNAVAL DE SANGUE 81
O BATISMO DA NOITE 83
"ENCRENCAS" COM PAPAI 85
CINE SÃO JOSÉ 88
O TOUREIRO 91
O MAIOR CLÁSSICO DA TERRA 94
OS MEUS ÍDOLOS NÃO MORREM 96
PÃO COM PRESUNTO 98
OS ÚLTIMOS ACORDES DO VERÃO 100
OS ÔNIBUS 102
O PADRE NOSSO 104
LUZ, CÂMERA E PÃO 107

PARTE 3

O OUTONO,
O TEMPO DA RAZÃO 111
AS CIDADES E AS SUAS ALMAS 113
CALÇADO E SEUS ANJOS 115
O BIOTÔNICO 117
OS BARTELS 121
PIULA 123
BARBARA BÁRBARA! 124
EMOÇÃO E RAZÃO 126
AS MINHAS NÁDIAS 128
OS PECADOS DE CADA UM 130
A MORTE 132

A ÁRVORE DA MINHA VIDA 133
A ÁRVORE DA MINHA VIDA: O OUTRO LADO................................... 137
OS SENTIMENTOS HUMANOS.. 140
O INVERNO DA MINHA MÃE 142
A FILOSOFIA CALÇADENSE 144
O CONECTAR E O DESCONECTAR DE ALMAS................................. 146
VIVER POR VIVER 148
UM TEMPO AO TEMPO 150
O MÉDICO E A POLÍTICA.. 152
O DEUS DO HOMEM... 154
O TEMPO E O SONHO 156
O PAPEL DOS PAPÉIS... 158
PERPEDIGNO LOMBADA DE LA MOSQUITO 160
EU E A MATEMÁTICA 162
EU E AS MULHERES 164
CALÇADO E OS SEUS "EUS" 166
O MERCADOR DE ALEGRIAS.. 168
A ARTE DO FAZER 170
OS TRÊS MÉDICOS 172
MORRER NA MEMÓRIA.. 174
O PASSADO QUE NÃO PASSA 175

PARTE 4

AS COMPANHEIRAS, NO TEMPO 177

PAPAI NOEL ESQUECEU-SE DE NÓS 179
O PRIMEIRO ENCONTRO COM A MORTE 183
A VOZ DO SILÊNCIO 186
O PRIMEIRO ANIVERSÁRIO 188
EM UMA FESTA DE AGOSTO... 191

PARTE 1

~

A primavera, o tempo dos sonhos

~

MENINOS DO INTERIOR

Se eu fechar os olhos agora é um livro do jornalista Edney Silvestre, que conta a história de dois garotos em uma cidade do interior que investigam um crime. As suas peripécias trouxeram lembranças do que é ser menino do interior e em um cenário que não poderia deixar de ser a nossa São José do Calçado.

Ser menino em Calçado, nos anos de 1950 e 1960, era uma profissão que exigia múltiplas habilidades: ser exímio "tampador de mamuchas", esperto o suficiente para dar um "quitute" numa cabeça e sair na maior "tiçada", não dar "puaia", ser bom jogador de "baleba" e de futebol nos campinhos espalhados pelos quintais, ou o de mesa. O campo de futebol de mesa não era aquele que se compra em lojas de brinquedos, mas feito por nós mesmos: pegava-se uma tábua, cortava em forma retangular, fechando as laterais com ripazinhas, deixando apenas dois buracos para serem as traves. Os jogadores eram pregos na tábua, posicionados como se estivessem em campo. A bola? Uma moedinha. Lembram-se disso?

A indumentária de um menino do interior dependia da ocasião. No dia a dia, vestia-se um calçãozinho, bem sujo, com elástico na cintura, e na taioba, ou seja, sem cuecas; a camisa era bem curtinha, quase sempre abotoada errada, cobrindo só até o umbigo, ou sem mesmo! O mais comum.

Para as ocasiões especiais, o cabelo era cortado no estilo vassourinha, o "coco" todo pelado, só com um montinho de cabelo na frente. As roupas: uma calcinha curta, segurada por um suspensório, e uma camisa bem passadinha. Se o menino fosse da elite, calçava um sapatinho, mas, se do povão, uma lambreta.

Não podia faltar no corpo do menino uma marca, a mais comum na canela, por ter sentado a mesma em um toco. Se por acaso calhasse de montar um cavalo, no pelo, era um fiofó assado com certeza.

As almas desses meninos eram puras, mas sempre com um diabinho acompanhando... Gritavam "cascuda" para receber de volta um galope acompanhado de todos os xingamentos que ela conhecia; percorriam as trilhas das roças, apavorando os pássaros de várias espécies: os canarinhos, coleirinhas e catataus com o alçapão, e as rolinhas, tizius e parentes com uma seta.

Os banhos de rio eram todos os dias, geralmente escondidos dos pais, pois, como dizia o meu: "Menino não vai para o rio, pois água não tem cabelo". Mas o que os meninos do interior respeitavam mesmo, fossem eles mais ou menos espertos, eram três ordens: não engolir chiclete, não comer "manga com leite" e não tomar banho depois do almoço, pois dava "constipação". Diziam que se a gente não ficasse todo duro, com os olhos e boca virados, a outra opção era a morte certa.

E o sexo? Pois é... Os meninos do interior já nasciam com isso na cabeça... Todo mundo em fila, esperando a sua vez: fosse com gente ou com animal. Assim se iniciavam na arte do amor.

Ser menino do interior, como diz Mia Couto: "É estar cheio de céu por cima".

O MENINO DA PORTEIRA

Plagiando o grande escritor colombiano Gabriel García Márquez, podemos dizer: "A vida não é a que a gente viveu e, sim, a que a gente recorda, e como recorda para contá-la".

Às seis horas da manhã, o frio era de lascar, com o sol ainda tímido em nossa casa, lá na Fazenda Velha, que ficava encoberta pela sombra da mata que havia do outro lado da estrada entre Calçado e Bom Jesus. Somente lá pelas 7h é que se iluminava e esquentava um pouco a casa e as redondezas.

O cheiro gostoso do café que a Lica passava no coador de pano se espalhava por toda a casa, anunciando que era hora de levantar. A minha obrigação, logo ao sair da cama, era tratar dos porcos. Pegava a lata de sobras de comida que ficava em cima de uma grande mesa na varanda da cozinha, misturava o fubá, fazendo uma massa fedorenta, que levava para o chiqueiro. Vez por outra, no caminho, pisava descalço em uma merda mole de galinha, que penetrava entre os dedos, dando o maior trabalho para limpar.

Às 7h estava na "Escola Singular da Fazenda Velha", onde estudei até a terceira série primária. Após o almoço, lá pelas 11h, sentava-me no muro da varanda e ficava à espreita dos raros automóveis que por ali passavam, indo ou vindo, da direção da Fazenda da Segunda. Assim que escutava o barulho de um carro, corria para abrir a porteira que ficava quase em frente à nossa casa, na esperança de que algum motorista jogasse uma moeda em agradecimento, mas quase sempre nem ligavam.

Na profissão de "abridor de porteiras", o que mais me dava satisfação era quando o meu tio Aristides, o médico da região, atendia algum doente lá pelas bandas da Fazenda da Segunda, Ponte do Sossego e Bemposta. Ele vinha no seu "Jeep 1954 com capota de aço" e me chamava para ir junto, para abrir as porteiras. O bom era que só abria aquelas em sentido contrário, pois as de mesmo sentido ele empurrava com o para-choque do jipe.

O tio Aristides foi um dos homens que mais admirei na vida e com quem tive o privilégio de conviver nas relações familiares. Andava por todo o interior do município, amenizando o sofrimento daquela população pobre e humilde, muitas das quais vítimas das doenças do subdesenvolvimento. Em geral, o pagamento que recebia era um filho para batizar, uma galinha, um porco, ou seja, as riquezas daquela gente pobre. Não enriqueceu financeiramente com a profissão, doou sua força de trabalho sendo fiel ao juramento de Hipócrates.

Foi também o "pior" motorista que conheci. Quando saíamos pelas roças, para atender os doentes, ele dirigia doidamente, cantando e mordendo a língua, naquelas estradas estreitas e cheias de precipícios. Felizmente, saíamos ilesos. Penso que não morreu num acidente de carro, pois a sua missão na Terra era muito importante e Deus dirigiu com ele durante toda a sua vida.

O pagamento pelo trabalho de abrir porteiras era deixar que eu, sentado em seu colo, conduzisse o jipe somente pelo volante, mas o controle dos pedais e das marchas ficava por sua conta. Sem falsa modéstia, era mais seguro eu na direção do que ele.

Quando o Sol se punha por detrás do prédio da Usina São José e as sombras da noite cobriam nossa casa, recolhia-me, como fazem os animais na natureza, para sonhar como seria o hoje.

O tempo passou! Saudades, saudades...

A "MATA", O SACI E O SONHO

Sempre que volto ao passado nas minhas lembranças, o tempo da infância na Fazenda Velha é o mais presente. Ser criança, vivendo em contato direto com a natureza, foi um privilégio que a vida me proporcionou. Além de ir à escola e de cumprir algumas obrigações domésticas, nada me aporrinhava.

O que me fascinava era a "mata", um resto de Mata Atlântica que existia em frente à nossa casa, margeando a estrada Calçado-Bom Jesus. Durante o dia, os pássaros se exibiam como atores principais naquele cenário verde: canários, melros, maritacas e tucanos sobrevoavam as árvores de um lado para o outro, fazendo a maior algazarra, à procura da comida ou de uma companhia para acasalar. A vida pulsava naquele paraíso verde.

Vez por outra, alguns amigos e eu fazíamos incursões pela "mata" à procura do jacu, da rolinha, da juriti, pássaros que sempre estavam sob a mira da "seta" (era assim que conhecíamos o estilingue) de um garoto. Nunca avançávamos mais que uns 30 metros "mata adentro". A nossa capacidade de potencializar o medo era incrível, e um pequeno sopro de vento que derrubasse um galho era o suficiente para provocar uma correria desenfreada.

Quando a noite surgia, a "mata" passava a ser ameaçadora. Era o lar de todos os meus medos. Lá viviam o saci, a mula sem cabeça, o lobisomem, as almas penadas e outros monstros que alguns trabalhadores da fazenda diziam encontrar em suas caçadas. Esses medos, com a "mata", foram companheiros inseparáveis na infância, e vivi com eles uma relação mista de sonho e realidade.

Muitas vezes, ao cair da noite, a mando de meu pai, tinha que ir à casa do velho tio Zezé, que tinha o único telefone da região, para mandar recados ao meu tio Luizão, seu sócio em alguns negócios.

Aí é que a coisa pegava! O caminho até a casa do meu velho tio passava perto da "mata". Uma criança, em uma boa carreira, gastava em torno de dois eternos minutos para vencer o trecho de estrada em frente à mata.

Já saía de casa com a adrenalina alta e a imaginação voando longe. O medo era de encontrar com a mulher, de cor branca como uma cera – a cor da morte –, coberta por um lençol que, segundo alguns moradores da região, também aparecia na "mata".

Passava em frente à "mata" correndo, com os olhos quase fechados e rezando todas aquelas orações que aprendemos na infância. Acho que as orações valeram, pois a mulher nunca apareceu no meu caminho.

Muitos anos mais tarde, quando já estava na universidade, em Viçosa-MG, numa das vindas a Calçado, ao passar em frente à Fazenda Velha, assisti a uma cena que me trouxe muita indignação na época. Haviam queimado a "mata" para plantar café. Eu observava os últimos troncos soltando uma fumaça de agonia.

Hoje, quando passo por lá, vejo a Fazenda Velha como um lugar triste, desabitado, com uma vegetação seca, chorando a ausência da exuberante mata e do córrego, que, no vale, corria à sua frente. Sinto que não só os meus sonhos de criança foram destruídos com ela, mas também muitas vidas que ali habitavam. É isso aí...

A MINHA MARIDINHA

Pois é, eu já meio velho e barbado, ainda tenho uma "maridinha"...

Essa história começou lá no fim dos anos de 1940. A minha avó Lota teve quatro filhos homens, que sempre a trataram com todo o carinho e cuidado, mas, mesmo assim, faltava uma alma feminina em sua vida, os mimos dos homens ainda não eram suficientes para a vovó.

A alma feminina que pousou em sua vida veio no fim dos anos de 1940, quando a Corina, uma garotinha quase adolescente, filha de um amigo do vovô, veio viver com ela. Primeiro, lá na Fazenda Velha e, logo depois, em Calçado, quando vovó ficou viúva.

Vovó Lota, pelo menos durante o tempo em que convivi com ela, sempre foi uma mulher cheia de manias e enjoações, mas muito engraçada e de um coração muito bom. Nós, os netos, até achávamos graça dessas suas características. A Corina, com a sua doçura, sabia conduzir a vovó e relevar as suas manias, o que levou a velha a lhe dedicar o amor de uma filha mais nova.

A Corina, Dinha para nós, irmãos, foi uma bênção da vida. Pega as coisas de bom de uma mãe, de uma tia e de uma irmã mais velha, mistura tudo e dá a Dinha. Além de companhia de vovó, foi o braço direito da mamãe, ajudando a cuidar de todos nós.

Quando vovó se mudou para Calçado, a nossa família continuou morando na fazenda, sendo a sua casa a nossa referência na cidade. Minhas irmãs mais velhas moravam lá durante a semana, para estudar no Colégio de Calçado. Quando chegavam os finais de semana e as brincadeiras e festinhas aconteciam, eram obrigadas a voltar para a fazenda, por exigência do papai. A Dinha sempre arranjava um jeitinho de amaciar as rabugices do papai e convencê-lo a deixar as meninas em alguns fins de semana na cidade.

Da minha convivência com a Dinha só tenho boas recordações. Quando criança, sempre passava alguns dias de férias em Calçado, na casa da vovó, e gostava de dormir no canto de sua cama. Na minha imaginação de criança, quem dormia com uma mulher era o seu marido, daí veio a minha "maridinha". Foi ela quem me levou ao circo, ao cinema e ao parque de diversões pela primeira vez, ensinou-me a rezar e me preparou para a primeira comunhão. Se bem que nessa arte de me ensinar a conversar com os santos não teve muitos sucessos, pois fiquei meio afastado das coisas do céu... e do inferno também.

A Dinha tem uma voz muito bonita e suave, quando fala o som acalenta os ouvidos da gente. Ela, com a Helvécia na voz, a Nice Abdala ao órgão e mais algumas vozes masculinas, que não me lembro de quem, formavam o coro da Igreja. Cantavam lindamente a Ave-Maria e outros cânticos religiosos nas celebrações da Igreja Católica. Aqueles que tiveram a oportunidade de ouvir esse coro devem se lembrar dessas vozes que encantavam, enchendo a igreja de sons graves e agudos em uma harmonia angelical.

Dinha casou-se e foi morar no Rio de Janeiro, onde teve filhos e netos, e ainda continua muito bem, em companhia da família.

A nossa relação foi muito intensa na minha infância. Tenho a honra de ser padrinho de Crisma de um dos seus filhos e, mesmo me encontrando raramente com ela, quando a vejo me vem uma alegre saudade da infância, pois perto dela não consigo envelhecer.

Sempre que encontro com a minha "maridinha", viro criança...

O VERÃO DE 61

No finalzinho de 1960 chovia torrencialmente em toda a região e o rio que passava nos fundos de nossa casa, lá na Fazenda Velha, avançava de seu leito, com águas turvas e revoltas tomando toda a várzea às suas margens. Era a maior enchente que eu já havia presenciado naqueles poucos anos de vida. Parecia que os deuses conspiravam contra o nosso desejo de conhecer o mar e insistiam em atrapalhar os planos da minha família de passar o mês de janeiro em Marataízes, um balneário capixaba.

Diante daquela chuva incessante, meus irmãos e eu resolvemos apelar para Santa Clara, a santa cujos raios de sol refletidos numa custódia salvaram do exército de Frederico II. Fizemos orações e oferecemos à santa um "ovo choco em cima do toco". Com tanta reza da criançada, não restou alternativa a Santa Clara a não ser atender às nossas preces e, logo no início de janeiro, o sol voltou a brilhar. Enfim, pudemos preparar-nos para aquele grande momento, o encontro com o mar.

As únicas informações que tínhamos sobre o mar eram as fotografias da revista O *Cruzeiro* e uma simulação do som das ondas, que ouvíamos ao encostar à orelha uma grande "concha" que enfeitava a mesa da sala.

Às três horas da madrugada, fui acordado com o som do caminhão do seu Ernesto Barroso, que estacionava em frente à nossa casa. O caminhão era enorme para os padrões da época. Estava coberto com uma grande lona, com espaço suficiente para carregar tudo o que era necessário: arroz, feijão, fubá, carne de porco conservada na lata de gordura e um montão de outras tranqueiras que foram sendo acomodadas no fundo da carroceria. Do meio para trás ficava o espaço reservado aos passageiros.

Antes de o Sol nascer, saímos com destino a Marataízes. Subimos a serra do Jacá, passamos por Bonsucesso, Conceição de Muqui e, finalmente, chegamos a Muqui, onde o caminhão fez uma parada para as necessidades.

A primeira emoção que senti durante a viagem foi medo. Como era início de janeiro, período das "Folias dos Reis", fomos surpreendidos por um grupo folclórico que dançava e cantava pelas ruas da cidade. O grupo usava roupas com fitas coloridas e pequenos espelhos fantasiando o chapéu. Estavam acompanhados de um palhaço horroroso, vestido com roupa vermelha, segurando um cajado e com uma terrível máscara de cara de bode. Segundo a lenda, se duas folias se encontrarem, os palhaços terão que dançar sem parar durante sete anos.

O grupo aproximou-se do caminhão e o palhaço, vendo aquela garotada na carroceria, resolveu subir, causando uma gritaria e um medo pavoroso em todos nós.

Seguimos, então, para Cachoeiro do Itapemirim e Marataízes.

No finalzinho da tarde, o caminhão fez uma curva e começou a descer lentamente em direção ao balneário. De repente, alguém gritou: "Olha o mar! O mar está aparecendo!". Foi emocionante aquela visão. Eu havia construído várias imagens do mar, mas nenhuma delas foi capaz de retratar a realidade da imensidão daquelas águas à minha frente.

Passado o período de adaptação, a água salgada e as ondas do mar, as brincadeiras alegres com os primos e as visitas às praias do balneário (Praia da Areia Preta, Praia Principal, Praia dos Namorados, assim eram chamadas àquela época) eram as nossas diversões prediletas.

Esse verão de 1961 foi realmente memorável na minha vida. Hoje, quando passo por Marataízes e vejo aquela cidade totalmente degradada pelos excessos de residências, com as casas amontoadas uma ao lado da outra, não me permitindo reconhecer os lugares que fizeram parte da minha infância, e as praias desfiguradas, sem areia e com o mar invadindo a rua, sinto uma tristeza nostálgica e uma preocupação desalentadora com o futuro daquela região.

AS EMOÇÕES DO VERÃO DE 61

Aquele janeiro de 1961 foi de muita emoção para quem nunca viajara além de Bom Jesus do Itabapoana. Estávamos havia poucos dias em Marataízes. A emoção do primeiro contato com o mar ainda estava presente quando se juntou a nós Zarife, uma prima de mamãe que adorava uma praia. Ela veio acompanhada do meu pai, que retornara a São José do Calçado no caminhão que nos trouxera. Eles chegaram no fusquinha azul da Zarife, modelo 61, estalando de novo. Se não me engano, ela teve apenas dois carros: esse fusquinha 61 e outro fuscão, de cor ocre, que ficou com ela até a sua morte, em 2004.

Quase todos os dias, o primo Zé Luiz, que também passava o verão com a gente, e eu, ajudávamos Zarife a lavar e limpar o fusquinha, condição imposta por ela para fazermos jus aos passeios de carro nos fins de tarde: íamos ao Porto da Barra do Itapemirim, ao centro de Marataízes e até o cinema, numa cidade vizinha, a Vila do Itapemirim.

Não me lembro de ter encontrado alguém com tanto medo de baratas como Zarife. Uma das nossas brincadeiras prediletas era procurar uma barata e, sem que ela percebesse, colocá-la perto dos seus pés, para ouvir os gritos pavorosos que dava quando se deparava com o inseto.

Além do mar e dos passeios de carro com a Zarife, conheci de perto mais duas grandes novidades naquele verão de 1961: o trem de ferro e o avião.

Havia, naquela época, uma linha de trem ligando Cachoeiro do Itapemirim a Marataízes. A velha locomotiva, modelo "Maria Fumaça", passava por volta das seis horas da manhã em frente à casa onde estávamos hospedados. Quando o trem apitava, anunciando a sua chegada, eu saltava da cama e corria até a porta da frente, para assistir, fascinado, àquele monstro de ferro "chiando" em cima dos trilhos e soltando uma fumaceira danada, oriunda da queima da madeira e do vapor produzido pela caldeira.

O trem de ferro sempre me fascinou, mas até hoje só fiz duas viagens: a primeira, de Ponte Nova a Viçosa, quando era estudante; a segunda, mais recente, quando levei minha filha numa viagem entre Vitória e Belo Horizonte. O interessante foi a inversão das expectativas. Minha filha, acostumada com este mundo moderno e cibernético, achou um "saco", enquanto eu me senti uma criança, curtindo aquelas belas paisagens e a nostalgia lenta de uma viagem de trem.

Quanto aos aviões, eram velhos teco-tecos que pousavam em um pasto, que chamavam campo de aviação, entre Marataízes e a Barra.

Quando escutávamos aquele barulho característico dos pequenos aviões, Zé Luiz, Carlota, minha irmã e eu saíamos em disparada, na direção ao campo de aviação, para assistir ao pouso e à decolagem das pequenas aeronaves.

Entre as histórias pitorescas daqueles teco-tecos, lembro-me de uma que aconteceu com minha mãe.

Mamãe, uma mulher de pele bem morena, com aquele sol de verão e sem o uso do protetor solar, que não era comum naquela época, viu a cor de sua pele acentuar-se ainda mais.

Certa manhã, quando caminhávamos lentamente em direção à praia, um avião, voando em baixa velocidade e a poucos metros de altitude, passou por cima do nosso grupo. O piloto botou a cabeça para fora da janela do avião e gritou para minha mãe: "Eta, negrinha fogosa!". Ela, não se fazendo de rogada, apesar de toda a sua delicadeza, fez vazar, por sua boca, todos os impropérios que conhecia. Essa história tem tudo para ser mentira, mas, na minha imaginação de criança, aconteceu.

Foram muitas as emoções naquele verão de 61, afinal, eu era um garoto de oito anos apenas e, pela primeira vez, havia saído daquele pequeno mundo que conhecia lá na Fazenda Velha.

Gosto muito de escrever as recordações da infância, pois é a forma que encontro de não me desligar do passado, recebendo o combustível necessário para abastecer o espírito e a mente e enfrentar, com alegria e bom-humor, os desafios e as incertezas do futuro.

À SOMBRA DE UMA AGULHA

No início dos anos 1960, morávamos na Fazenda Velha, entre São José do Calçado e Bom Jesus. Certa manhã, minha irmã Carlota, a mais curiosa, estava em casa sozinha com Paulinho, meu irmão mais novo: ela sobe em uma cadeira, abre o guarda-roupa e começa a mexer nas compras que minha mãe havia feito. Nisso, algumas agulhas caem e se espalham pelo chão. Contra o destino não há o que fazer. Não é que uma daquelas agulhas caiu de ponta para cima fincada numa greta do assoalho? Inocentemente, minha irmã pede ao irmão que pegasse as agulhas no chão. Com pouco mais de dois anos, ele se deita para pegar as agulhas e uma delas penetra no lado direito de seu tórax, um pouco abaixo das axilas.

Minha irmã, vendo o garoto chorar, pergunta:

— O que foi, Paulinho?

Aos prantos, ele mostra a agulha, já quase totalmente enterrada em seu tórax. Imaginem o desespero de uma menina de seis anos e um garoto de dois anos diante daquela situação.

Começa aí um processo agonizante. Ela tenta, de qualquer jeito, puxar a agulha, mas esta, pela ação do ato da respiração, começa a penetrar cada vez mais no peito do Paulinho. Ela puxa, o menino respira e a agulha entra um pouco mais. O processo continua até a agulha penetrar totalmente no tórax do garoto.

Minha irmã começa a viver talvez o maior dilema de toda sua vida: ficar quieta ou contar para alguém o que havia acontecido? Se contasse, poderia apanhar do pai ou da mãe; e se não contasse, o que poderia acontecer com o irmão? De forma decidida (o que é uma de suas características marcantes), resolve contar para a mãe, que estava na estrada entre Calçado e Bom Jesus, à espera do ônibus que a levaria para Calçado, onde dava aulas.

Todo o processo de mobilização de recursos para atender o irmão com a agulha dentro do corpo é iniciado. A mim coube a tarefa de correr até a Fazenda do Limoeiro para buscar meu tio Jão do Enes, que tinha um fordeco. A uma outra pessoa coube a tarefa de ir a Calçado buscar meu pai e o meu tio Aristides, médico da cidade.

Logo em seguida, aparece Dona Jovem, uma descendente de escravos de meu bisavô, braço direito de minha mãe nas horas de apuro:

— Dona Nádia, é meior nóis levá o minino prá Bom Esuis. Lá tem mais ricurso.

Minha mãe concordou de pronto.

Enquanto não aparecia um carro ou um ônibus que levasse o meu irmão para Bom Jesus, acontecia outra cena dantesca: a minha irmã, totalmente desnorteada com o acontecido, pega a sombrinha que minha mãe carregava, colocando seu cabo na boca. Numa atitude comum a crianças quando se sentem acuadas, morde o cabo da sobrinha para lá, morde para cá, até que consegue engolir o cabo da sombrinha. Outro desespero à vista!

Dona Jovem, muito agarrada aos santos, quando vê aquela cena, começa a rezar para todos eles e, em especial, para São Benedito, com o qual tinha mais intimidade. Minha mãe, já num desespero total, vendo uma criança com uma agulha no corpo e a outra com um cabo de sombrinha agarrado na garganta, apela para os mesmos santos e, com muito jeito, consegue remover a sombrinha da garganta da minha irmã. Ufa!

Meu irmão é levado para Bom Jesus, onde é operado pelo cirurgião da época, o doutor Rui Marques. O médico não consegue remover a agulha, pois ela se deslocava dentro do corpo do garoto, acompanhando a sua respiração. Meu tio Aristides resolve removê-lo às pressas para Itaperuna, uma cidade com mais recursos. Lá, por intermédio de um cirurgião, se não me engano, o doutor Carpi, conseguem remover a agulha do corpo dele.

A agulha até hoje está presente em minha vida. Quando meus filhos eram crianças, se havia uma agulha em cima de uma cama ou de um móvel qualquer, sempre me vinham aquelas lembranças. Imediatamente, pegava a agulha e a guardava.

O CACIQUE

O Cacique, soltando fumaça pelo cachimbo, corria imponente pelos trilhos do sul capixaba, cortava montanhas e atravessava túneis, conectando a nossa gente com o mundo. Cacique foi o trem que fazia a ligação de Cachoeiro do Itapemirim ao Rio de Janeiro. A grande maioria dos municípios do sul capixaba tinha uma linha férrea que se conectava com essa tradicional via onde corria o Cacique.

Na sede do município de São José do Calçado, infelizmente, não tivemos uma estrada de ferro. Ela chegou a ser planejada pelo nosso barão de Mauá, o Pedro Vieira. A terraplanagem da estrada já estava em andamento, mas foi interrompida no início da serra da Volta Fria. A derrocada econômica do Pedro Vieira trouxe consequências imensas para o desenvolvimento do nosso município.

Quando algum conterrâneo precisava viajar ao Rio de Janeiro, pegava um pequeno trem em Bom Jesus do Norte, que, na época, era distrito de Calçado, e se deslocava até Ponte do Itabapoana, fazendo a baldeação para o Cacique.

Esse trem sempre habitou os meus sonhos de criança e, ainda hoje, quando passo sobre os seus velhos trilhos em Ponte do Itabapoana, me vêm, quase que automaticamente, as lembranças das suas histórias contadas pelos mais velhos.

Nas minhas fantasias de infância, imaginava como seria viajar nesse trem. Acreditava que era tão luxuoso quanto aqueles trens dos filmes faroeste a que assistia. Tenho a frustração de nunca ter visto o Cacique, tendo ele vivido só na minha imaginação. Acredito que, na memória de muitos calçadenses, ainda está presente esse trem.

Das histórias de família sobre o Cacique, lembro-me de algumas. Quando criança, via o meu pai preparando-se para viajar ao Rio de Janeiro, a fim de tratar dos negócios do café, quando comerciante em Calçado. Vestia um guarda-pó creme por cima do terno branco, para se proteger das fuligens expelidas pela chaminé da locomotiva, partindo imponente para o encontro com o Cacique.

Outras lembranças que tenho foram contadas pela minha mãe, quando, nos anos 1930, viajava para Vitória, para estudar no Colégio do Carmo. Era levada de charrete até Bom Jesus do Norte, onde pegava o trem até Ponte do Itabapoana; de lá viajava no Cacique para Cachoeiro, onde fazia a baldeação para Vitória, num trem menor. A estrada de ferro que cortava as serras capixabas indo para a capital era muito humilde para receber o grande Cacique.

Mamãe contava também uma história triste da sua vida, em que o Cacique foi um dos personagens: a morte de sua mãe. Vovó Maria das Dores, esposa do vovô Enes, morreu no Rio de Janeiro, e vovô alugou um vagão no Cacique para transportar o seu corpo até Ponte do Itabapoana, para depois ser transferido para Calçado.

Se não estou enganado, Cacique, já muito envelhecido e decadente, ainda percorreu esses trilhos até os anos de 1970, mas, mesmo assim, eu não tive o privilégio de conhecê-lo. As minhas irmãs mais novas, Rita e Carlota, viajaram no Cacique: de Ponte do Itabapoana a Cachoeiro do Itapemirim, para fazer cirurgia de garganta.

Na época, fiquei com inveja danada das irmãs. Hoje tenho comigo que foi bom não ter conhecido o Cacique, assim ele fica apenas nos meus sonhos, e a sua imagem me pertence...

O MEU V8

Quando criança, lá na Fazenda Velha, eu era fissurado por carros e tinha uma coleção. Um deles era um carro de tração a sabugo. O carro era feito de uma lata de sardinha, a boa era a maior, com rodas de mexerica verde puxadas por três juntas de sabugos, imitando um carro de boi.

Tinha também um carro movido a corda. Esse carro era feito utilizando um carretel, um elástico de dinheiro, um pedaço de vela com um buraco no meio e um pau de picolé. Eu fazia uma engenhoca prendendo o elástico a um lado do carretel e passando-o pelo buraco dele. Do outro lado, o elástico entrava pelo furo do pedaço de vela e era preso ao pau do picolé.

Para dar corda no carrinho, eu enrolava o elástico utilizando o pau de picolé. Quando soltava o conjunto no solo, o elástico se desenrolava lentamente, fazendo o carretel rodar na superfície. Era uma maravilha aquele carrinho!

Quando meus dois filhos eram crianças, fiz esse carrinho, mas não deram a menor importância, porque o negócio da época era o tal Atari. Foi uma decepção para mim, pois achava o carrinho o máximo. Dei o troco: nunca brinquei com eles no Atari... Aquele troço pulando na tela da TV com um barulhinho enjoado.

Mas o meu carro predileto era o V8, aquele carro americano, rabo de peixe, dos anos 1950, que aparecia nas propagandas das revistas *O Cruzeiro* e *A Manchete*.

O carro existia só na minha imaginação e brincava com ele dirigindo uma tampa de panela como se fosse um volante. Passava a marcha segurando a tampa com a mão esquerda e fazendo os movimentos no ar com a mão direita. O barulho do motor? Fazia com a boca, às vezes me babava todo.

Quando o carro dava algum problema e morria o motor, quem me acudia era o tio Luizão, irmão do meu pai. Ele pegava por de trás do meu calção, fazendo movimentos com a mão, como se desse manícula no carro. O carro pegava e eu saía correndo e dirigindo pelo quintal.

Vocês estão achando que eu não batia bem da cabeça? Pois é, ainda tinha uma companheira que embarcava nessa doideira! Era a Carlota, minha irmã mais nova, que era a passageira do carro. Com a mão direita segurava na minha camisa e, com a mão esquerda, um sabugo de milho, como se fosse uma criança no colo. Ela me acompanhava no carro, correndo pelo quintal, ou na estrada em frente à nossa casa.

Certa vez, numa dessas nossas viagens de carro, saímos em disparada até o prédio da Usina São José, imaginando uma viajem longa. De repente, encontramos uma pequena cobra, de mais ou menos meio metro de comprimento, que atravessava lentamente a estrada. Parei o carro e descemos. Virei para a minha irmã, com o braço estendido, impedindo a sua aproximação, e disse:

– Fica parada aí, que essa cobra é brava.

Peguei uma pedra que estava ao lado e joguei na cobra. Não acertei! A pedra caiu perto da cobra, que se enrolou toda para se proteger.

Olhei em volta e não vi outra pedra, então virei para a Carlota e disse:

– Vai lá e pega a pedra perto da cobra.

Ela lentamente foi até lá, pegou a pedra e trouxe para mim. Já de posse da pedra, estendi novamente o meu braço, afastando a irmã, e disse num tom valente de voz:

– Para trás, para trás, que essa cobra é brava!

Lancei novamente a pedra na cobra e não acertei. Repeti o procedimento mais uma vez, quando apareceu um dos trabalhadores da fazenda e matou a cobra.

Se ele não tivesse aparecido, eu continuaria jogando a mesma pedra até matar a cobra e proteger a minha irmã daquele animal peçonhento.

E vamos que vamos, nas três dimensões que constituem a nossa jornada pela vida: as lembranças do passado, o viver o presente e a esperança no futuro.

O QUE VOCÊ QUER SER QUANDO CRESCER?

Não sei como foi com vocês, mas comigo deu tudo errado. Não sou nada do que queria ser quando crescer.

O meu primeiro sonho profissional, lá pelos oito anos, foi ser campeiro e carreiro. Admirava o Jaime, que foi criado pelo meu pai e trabalhou com ele na fazenda. Manuseava o ubre da vaca com uma mão firme de dar gosto, o leite jorrava como se fosse uma torneira esguichando água. Olhava para aquela cena e pensava comigo: é isso que eu quero ser. Tinha a maior admiração pela sua força física e valentia no trato com o gado e não havia um vaca brava que lhe metesse medo.

Também quis ser carreiro e acompanhei o Jaime em várias viagens puxando café lá do alto da Sapucaia, na divisa com Bom Jesus do Norte. O carro, lotado de café, descia o morro engatado com cinco juntas de boi, uma no cabeçalho e o resto ajudando o freio de madeira, que soltava uma fumaceira danada ao segurar as rodas. E eu, ao lado do Jaime, que, empunhado de seu "garruchão" (era assim que eu chamava aquela vara com uma ponta de metal usada pelo carreiro), dominava os bois para uma descida segura. Como vocês já perceberam, não deu certo, não sou nem campeiro nem carreiro.

Motorista de Fenemê! Que menino de roça, ao ver aqueles caminhões enormes encostados na tulha, lá na Fazenda Velha, para carregar café, não sonhava em ser motorista de Fenemê? Eu ficava admirado por aqueles caminhões que tinham uma cara zangada e escrito em diagonal no seu nariz as três letras: FNM.

Havia um motorista, não me lembro o seu nome, que muito me incentivou na profissão. Quando ele aparecia na Fazenda para carregar café, me colocava na boleia do caminhão e deixava que eu ficasse sentado mexendo no volante e imitando o barulho do caminhão com a boca. Era o meu sonho ser motorista de Fenemê! Infelizmente, outra frustação... não deu certo.

Já estava mais crescidinho, devia ter uns 12 anos, quando começaram a asfaltar a estrada Calçado–Bom Jesus. Quando via aquelas máquinas, principalmente a Patrol, cortando os barrancos para construir o leito da estrada, ficava admirado pela habilidade dos maquinistas. O canteiro de obras da empresa "Semoveterra" ficava lá na Usina São José, quase em frente à nossa casa na Fazenda Velha. Sempre que tinha uma oportunidade, convencia alguém lá de casa a fazer um lanche para os maquinistas. Eles, em agradecimento, me deixavam subir naquelas máquinas imensas. Admirava a profissão de maquinista. Mas, pela terceira vez, não deu certo, não sou maquinista.

Agora vai! Já sou crescidinho e posso ter um sonho mais real com uma profissão... Sempre fui um apaixonado por futebol. Escutava as transmissões esportivas pela rádio Globo, acompanhando com muita atenção dois repórteres de campo dos quais gostava muito, Cléber Leite (flamenguista) e Loureiro Neto (vascaíno). Achei que poderia ser uma ótima profissão: ganhava dinheiro e ainda por cima podia fazer o que eu mais gostava: acompanhar jogo de futebol, e ainda à beira do campo. Achava a melhor profissão do mundo. Mas não deu certo, não virei repórter esportivo.

Até que um dia, sem mais nem menos, virei professor. Neste 2018 estou fazendo 43 anos de profissão e sou realizado profissionalmente.

Nunca sonhei ser professor quando crescesse, mas o destino é assim... É ele que escolhe os caminhos que vamos trilhar. Acredito que é bom que seja assim, pois é isso que nos traz a emoção de viver.

OS ANIMAIS

Quem viveu na roça, lá pelos anos 1950 e 1960, sabe da importância dos animais, principalmente do boi e do cavalo: o primeiro provia a alimentação e a sua força de trabalho e o segundo o transporte.

Quando criança tive uma boa convivência com esses animais: com os bois, quando ajudava a prender bezerros, assistir à ordenha das vacas... Ainda não tinha força nas mãos para o ofício de campeiro e até me aventurava a carrear, ajudando o Jaime, carreiro e campeiro de meu pai; com os cavalos tive uma convivência mais intensa: pelas redondezas da Fazenda Velha, meus primos e eu andávamos montados sobre eles, conhecendo novas terras.

Uma vez, meu primo Boni e eu viajamos pela margem do rio Itabapoana, um dia inteiro, até a fazenda do seu pai, tio Joãozinho, em Calheiros, distrito de Bom Jesus. Foi uma aventura!

Em duas passagens de minha infância esses animais foram marcantes.

A primeira aconteceu quando meu pai, minha irmã Dodora, um pouco mais velha, e eu, fomos verificar se uma vaca havia dado cria. Quando uma vaca paria lá no pasto, a cria tinha que ser resgatada logo, pois corria o risco de um urubu, ou algum felino que habitava as matas das encostas, carregar o bezerro recém-nascido.

Começamos a subir o morro, mas meu pai resolveu não continuar a subida e nos mandou, eu e Dodora, subir mais um pouco, até a virada do morro, e verificar se a Amazonas estava do outro lado e se havia dado cria.

Logo que chegamos ao topo do morro e olhamos para o outro lado, demos de cara com a Amazonas. Ela estava a uns 10 metros de distância, lambendo a cria recém-nascida. A Amazonas era uma vaca alta, do tipo indiana, com aqueles chifres abertos. Assim que nos viu, a vaca, com uma cara assustada, partiu para cima. Dodora, maior e mais esperta, saiu correndo na frente, mas olhando para trás. Quando viu que eu não conseguiria, voltou, agarrou-me pelos braços e saiu em disparada, arrastando-me pelo pasto cheio de vassouras – uma plantinha que recebeu esse nome lá na roça e, por ser resistente, era usada para fazer vassoura –, na direção em que estava o papai.

Assim que me viu rolando morro abaixo, arrastado pela Dodora, e a Amazonas correndo atrás, papai pegou o pau que carregava e foi de encontro à vaca, que acabou recuada com as suas ameaças. Todos nos salvamos! Eu, com arranhões pelo corpo inteiro, mas agradecido e orgulhoso da coragem da minha irmã, que me salvou e à nossa família de uma possível tragédia.

A segunda passagem foi com uma égua.

Na fazenda, não comprávamos o arroz processado. Papai cultivava a planta para o consumo. Vez por outra, eu tinha a obrigação de ir até a sede do município, a uma légua de distância, à cidade de São José do Calçado, para processar o arroz na máquina do seu Mateus, que ficava na Vala.

Essas viagens, em geral, eram feitas em um cavalo chamado Baio, que era muito manso. Podíamos passar por debaixo de sua barriga, pegar no seu rabo e alimentá-lo com a mão, que ele não fazia nada. Era o preferido do meu pai para que os filhos fizessem esse serviço.

Contudo, havia um problema: o Baio era um cavalo trotão de dar gosto. Por mais que você puxasse a rédea para tentar dar um ritmo, não tinha jeito, ele continuava trotando. A solução era deixar que ele fosse andando, pois, se insistisse no trote, seria uma assadura, das sérias, no fiofó.

Às vezes, papai deixava que viajasse numa égua branca, cujo nome não lembro, para trocar o arroz. Montar essa égua era uma maravilha. Ela tinha uma marcha picada de dar gosto, você quase não sentia solavancos.

Preparei a égua: selei o animal, amarrei os dois sacos de arroz, um de cada lado, e parti para a cidade, naquela marcha característica da égua.

Quando passava em frente à fazenda do meu tio Zezé, olhei para um pasto do lado esquerdo e vi um cavalo todo fogoso, do outro lado da cerca. O cavalo estava todo excitado! Vocês entendem, né?

Fiquei cismado de passar com a égua, mas continuei em marcha. De repente, o cavalo, não sei como, rompeu a cerca malfeita e veio em nossa direção. Esporei a égua e saí em disparada e o cavalo atrás, bufando e naquela situação. Corri por alguns metros, mas não teve jeito, o cavalo nos alcançou. Senti as duas patas do animal batendo na anca da égua logo atrás de mim. Ela reagiu com uma "rabichada", que quase me jogou ao chão.

Assustado com a situação e sentindo que tinha perdido o controle, dei um salto da égua e rolei pelo chão. Levantei, sacudi a poeira e sai correndo daquela situação.

O resto da história? Fica na imaginação de vocês...

O ESTRANHO

Algumas vezes acordo no meio da noite... E no silêncio da madrugada, tenho a sensação de ouvir vozes, como se fosse uma televisão ligada ao longe. Vocês já tiveram essa sensação? Chamo essas vozes de "vozes do silêncio", que ajudam a nossa consciência a tomar consciência das coisas.

Nesse contexto, lembrei-me de um caso que aconteceu na minha infância, na Fazenda Velha, em que escutei a história de ouvir vozes.

Havia uma tradição nas fazendas, que vinha do Brasil colonial, que era dar pousada aos andarilhos. Em geral, pessoas humildes e pobres, muitas vezes com alguma deficiência intelectual, que perderam qualquer referência familiar e caminhavam pelas estradas sem saber aonde chegar.

Lá na Fazenda Velha, durante minha infância, apareceram vários. Meus pais os hospedavam em uma tulha, que foi uma antiga escola onde minha mãe alfabetizava alguns moradores da região. Junto com velhas carteiras e um quadro de madeira, havia uma cama em que os andarilhos passavam as noites.

Alguns deles até praticavam uma profissão: remendavam tachos, consertavam cabos de panelas, faziam pequenas soldas ou até mesmo uma capina no quintal, de modo a ganhar algum dinheiro. Mas os seus espíritos nômades falavam mais alto e eles logo partiam. Normalmente, não ficavam mais do que dois dias no pouso.

Certa vez, apareceu por lá um estranho, que dizia se chamar Carlos. Era um senhor de idade, com características físicas que fugiam ao padrão dos andarilhos, geralmente negros ou mulatos, com aparência maltratada pela vida difícil.

Senhor Carlos era um homem de cabelos brancos e olhos muito azuis, quase sem brilho, irradiando todo o sofrimento que a vida havia lhe imposto, mas com uma altivez de quem viveu tempos melhores.

Não aceitava comer de colher e no prato de ágata; tinha que ser no prato de louça, com garfo e faca, e o fazia com muito traquejo.

O tempo foi passando e o senhor Carlos foi ficando... Toda vez que levava comida para ele, observava a sua debilidade física, pois não se levantava da cama, permanecia o dia todo trancado naquele quarto, sem ver a luz do Sol, apresentando uma fisionomia de quem sofria alguma dor. Mesmo assim, sentado na cama, em posição desconfortável e com muita dificuldade, me contava casos de vidas passadas e histórias de reis e de rainhas de terras distantes. Dizia, também, que ouvia vozes do além, falava com os mortos. Era um homem muito gentil e educado, o que me fez sentir certa afeição àquele estranho, cheio de mistérios e com os seus olhos azuis sem brilho.

A prostração do senhor Carlos e a permanência dele no pouso começaram a incomodar os meus pais, que desconfiavam de alguma doença. Certo dia, minha irmã Dodora e eu entramos por debaixo do assolha da tulha e, por um buraco, ficamos a observar os movimentos do senhor Carlos.

A cena que vimos foi impactante: o velho estava em pé, sem calças, segurando com as mãos o saco, cujo tamanho se comparava a uma bola de futebol. Andava com muita dificuldade e fazia as necessidades em pé, em um velho pinico todo enferrujado.

Demos ciência aos nossos pais da situação. Meu tio Aristides, o único médico do município, tomou providências para que fosse transferido para o hospital da cidade.

Naquela época, nem ambulância existia no município. Senhor Carlos foi carregado, em cima da cama, por quatro homens, e acomodado na carroceria do caminhão da Prefeitura, dirigido pelo Barrosão. Uma cena que ficou gravada na minha memória por retratar o sofrimento humano.

Passou algum tempo no hospital e depois continuou a sua caminhada sem fim... Ninguém mais teve notícias do senhor Carlos, o estranho.

A IRMÃ CAÇULA

A nossa irmã caçula nasceu de um parto pós-maturo. A sua altura e peso eram 1,30m e 26kg. Um fenômeno da natureza!

Durante o tempo em que viveu com os pais, tios Nenzo e Merquita, era tratada como uma princesa única, vivendo no aconchego de um lar cheio de amor. Mas os mistérios da vida não são controlados pelo homem e os pais da caçula foram para o infinito ao encontro de Deus. Primeiro ele e, poucos anos depois, ela.

Veio para a Fazenda Velha na carroceria da caminhonete do nosso tio Carlowe. Junto, um enxoval mais do que completo: bicicleta, boneca que chorava, travesseiro de espuma, colchão de mola e roupas coloridas e chiques. Foi assim que a Rita, nossa irmã caçula, nasceu lá em casa.

Ficamos ressabiados com a chegada da irmã princesa, principalmente eu e Carlota, pela proximidade da idade. Paulo era muito pequeno e as outras irmãs já mocinhas, mas logo nos acostumamos com a presença da realeza.

De princesa a plebeia foi um pulo. Aquele seu enxoval luxuoso foi-se acabando aos poucos. A mim coube destruir a bicicleta, que, de tanto pedalar, não resistiu e acabou quebrando. A boneca? Carlota logo arranjou um jeito de cortar os cabelos e arrancar os olhos. Os travesseiros e o colchão de mola também foram para o beleléu. Não restaram alternativas para a nossa caçula, a não ser assumir o seu novo papel de plebeia.

A nossa infância na Fazenda Velha foi recheada de emoções e a sua presença trouxe um brilho especial à família. Era tinhosa de dar gosto. Numa briga não era fácil, tinha uma unha de gato que mais parecia uma navalha. O Boni, meu primo, e eu é que sabemos.

O que me impressionava na Rita é que ela não se impressionava. Mamãe contava as histórias mais escabrosas de assombração e ela nem se importava. Era capaz de dormir sozinha no quarto da sala, ir ao banheiro, longe dos quartos, beirando a meia-noite e sem o menor sinal de medo. Como eu tinha raiva daquela valentia!

Na adolescência, já em Calçado, tivemos uma relação muito intensa, como convém aos irmãos quando se tornam amigos.

Lembro uma vez em que nos unimos, Rita, Carlota e eu, para enfrentarmos o tio Téo, um tio muito severo.

Acredito que, por não ter tido filhos, ele sentia dificuldades em entender as nossas rebeldias e irreverências, tão comuns aos adolescentes da época. Sempre que nos encontrava em alguma situação que considerava inadequada, soltava os cachorros, principalmente com Rita e Carlota. Ficávamos "putos da vida" com o tio, mas, por respeito, engolíamos seco e não replicávamos.

Essas broncas do tio Téo foram se acumulando, até que um dia, durante um almoço lá em casa, à frente de nossos pais, ele resolveu nos repreender por algum comportamento que viu e não gostou.

À medida que ele se zangava, eu olhava para minhas irmãs e via nelas aquela expressão de raiva. Nesse momento, o sangue subiu! Fui ficando vermelho, tremendo, dei um soco na mesa. Soltei o verbo para cima do tio em um tom de voz alterado. Falando cobras e lagartos, concluí:

– O senhor não tem o direto de vir à nossa casa e falar conosco dessa forma! Nem nossos pais falam assim com a gente.

Assim que terminei o meu desabafo, retirei-me da mesa, sendo seguido de imediato pelas irmãs. O silêncio se fez presente. Mamãe e papai não falaram uma palavra sequer sobre o assunto durante o almoço. Passado algum tempo, os ânimos se acalmaram e o nosso tio foi embora.

A nossa expectativa era a de que tomaríamos dos pais uma daquelas broncas de lascar, deixando-nos de castigo, sem ir ao Montanha Clube, pelo período de um mês. Mas nada disso aconteceu. Eles não falaram nada sobre o assunto.

Depois desse entrevero, meu tio e eu não guardamos mágoas. Já adulto, tivemos uma convivência muito boa, passamos bons momentos de agradáveis conversa.

Esse episódio retrata um momento de parceria entre nós. Já aqueles em que o pau quebrava fica para outra oportunidade.

A nossa caçula tem um lugar muito especial em nosso coração. É aquela irmã parceira: nos sufocos e nas alegrias da vida, está sempre presente. Obrigado, Rita, por ter nascido lá em casa!

E O PEPÊ VIROU LUZ

Pedro Vieira, o pai, aquele da estátua na praça de Calçado, foi um grande fazendeiro e produtor de café em Calçado. Segundo meu pai, que conviveu com o avô até aos seus 12 anos, quando o velho morreu, em 1925, as suas fazendas produziram, nesse ano, 40.000 arrobas de café. Nem sei se isso é muito. Mas, para os padrões da época, em que a produção era totalmente natural, sem nenhuma tecnologia, penso que deveria ser.

Pedro Vieira viveu em um período em que a escravidão ainda existia, por lei, e suas fazendas se beneficiavam da exploração da "carne negra". A conversa entre os familiares é que foi um senhor de escravos muito humano... Sem ironias, será que é possível?

Mas aonde quero chegar? Após a "libertação", os escravos foram abandonados pelos fazendeiros e a mão de obra europeia, principalmente a italiana, veio substituir a sua força de trabalho.

Lá na Fazenda Velha, vários descendentes de escravos ainda continuaram na região, trabalhando para as futuras gerações do Pedro Vieira. Na minha infância, convivi com muitos deles.

Quando morei na Fazenda Velha, testemunhei os resquícios dessa miséria humana, que, de certa forma, era naturalizada para nós à época. Infelizmente não aconteceram muitas mudanças, e, em certos contextos, acho que até piorou, pela violência a que assistimos hoje.

Dona Maria Cipriano era uma dessas descendentes de escravos. Uma mulher muito pobre, que morava numa casinha de "pau a pique" em que as paredes eram feitas de barro, escoradas por ripas de bambu e o chão de terra batida. A cobertura do telhado era de sapê. A casinha tinha três cômodos, e as panelas em cima do fogãozinho de barro eram aproveitamentos de latas velhas de acondicionar mantimentos.

Dana Maria Cipriano foi uma mulher de pouca conversa, mas muito boa e meiga. Eu gostava muito de ir a sua casa, ela me tratava muito bem. Tinha a cacimba com a água mais pura e limpa que conheci: saía da terra geladinha, uma maravilha.

Se não me engano, ela teve três filhos: a Penha, o Damião e o Pepê. Da Penha fui muito próximo, pois ajudou minha mãe a nos criar. O Damião era apaixonado por futebol, mas, infelizmente, não podia jogar, pois tinha um problema físico na perna, devido à paralisia infantil. Era o maior incentivador e dirigente do grande time da Fazenda Velha, tantas vezes campeão do torneiro do trabalhador.

O seu filho mais velho, o Pepê, era a sua maior preocupação. Infelizmente foi acometido pelo alcoolismo. Vivia ziguezagueando pelas estradas poeirentas da fazenda, carregando o seu corpo debilitado pelo consumo de álcool.

Certo dia – lembro-me de que era um domingo –, o Pepê desapareceu. A comunidade se mobilizou para procurá-lo, pois ele estava sumido desde sexta-feira. Por volta das 10 horas, alguém chegou lá em casa para avisar ao meu pai que o Pepê havia sido encontrado morto, caído em um barranco, lá perto da Ponte do Sossego.

Meu pai e meu cunhado, casado com minha irmã mais velha, saíram numa caminhonete para buscar o corpo. Eu, muito enxerido, depois de ter insistido muito com meu pai, fui também. Quando lá chegamos, o corpo do Pepê estava caído numa ribanceira à beira da estrada.

Os homens se juntaram e trouxeram o corpo do Pepê para a carroceira da caminhonete. A cena a que assisti me impactou profundamente, pois tinha apenas nove anos à época. A pele soltava do corpo onde era manuseado, acredito que pela exposição ao sol.

Saímos dali e fomos entregar o corpo para sua mãe. Assim que chegamos, ela humildemente foi até a casa e trouxe uma lamparina acesa, pois nem uma vela tinha, colocando ao lado do corpo, enrolado por um lençol no chão do quintal. Dona Maria Cipriano, em silêncio profundo, ficou ali parada, sem nenhuma revolta em seus olhos cansados, talvez acreditando que aquele tenha sido o destino que Deus traçara para o seu filho.

Aquela cena trise moldou, em minha alma infantil, algo intangível, mas, com certeza, me ajudou a olhar o mundo com mais ternura.

E foi assim que o Pepê virou luz...

O NOSSO BARÃO DE MAUÁ

As minhas recordações nem sempre retratam fielmente o passado, e o que vou falar hoje provavelmente tem uma boa dose de imaginação, pois são histórias dos anos 1950, quando ainda era pequeno. Muito do que escrevi me foi contado pelo Quinca, de quem falo mais à frente.

Hoje fui a um restaurador para verificar como estava o trabalho de restauração de uma velha escrivaninha que foi do meu pai. Quando lá cheguei, o senhor me apareceu com uma sacolinha de supermercado cheia de papéis velhos. Segundo ele, estavam caídos por dentro da armação de madeira da escrivaninha. Ao abrir a sacola, dei de cara com vários papéis velhos que pertenceram ao meu pai, entre os quais, três talões de cheque do Banco de Calçado. Isso mesmo! Calçado já teve um banco.

Esses talões de cheque me trouxeram a lembrança do fundador do banco, o maior empreendedor que Calçado já teve, Pedro Vieira Filho, que era chamado pela família de Zinho, talvez para se diferenciar do pai, o velho Pedro Vieira, aquele do busto na praça.

Pedro Vieira foi o nosso barão de Mauá, um homem visionário e empreendedor. Era dono de banco, empresa de ônibus, hotel, cinema, colégio e até uma indústria de cachaça, a Fazenda Velha, que ganhou esse nome em homenagem à fazenda do seu pai, que ficou de herança para a minha avó, sua irmã mais velha.

Nos anos 1950, até os meados dos anos 1960, a Fazenda Velha era uma região em franco desenvolvimento: a fábrica de cachaça funcionava a todo vapor e enormes caminhões FNM levavam a cachaça para o Rio de Janeiro. Lembro-me muito desse alambique, principalmente do Quinca, o encarregado que tomava conta da produção da cachaça. Eu tinha uns oito anos nessa época e sempre que ia até a fábrica para ver os caminhões, ele me pegava no colo e mostrava os tanques de fermentação do caldo de cana. Eu sentia que o Quinca gostava de mim, e a recíproca era verdadeira.

Quando estudava em Viçosa e voltava a Calçado de férias, não deixava de dar uma passadinha para visitá-lo no quartinho em que morava, ao lado das ruínas do alambique. Ele, já velhinho e debilitado por um AVC, me recebia com um sorriso de felicidade, que guardo até hoje comigo. Ficávamos ali por horas conversando e ele me contando as histórias da Fazenda. Era uma viagem no tempo...

Voltando ao Pedro Vieira, o seu grande empreendimento na época, que ultrapassava os limites da Fazenda Velha e enchia de esperança toda a comunidade calçadense, era a Usina São José, cuja construção do prédio para abrigar a estrutura industrial estava a todo vapor. Os trabalhadores vinham de toda a redondeza e a vida ali pulsava.

Tudo ia muito bem, até que a comunidade calçadense acordou de seu sonho coletivo.

A história, infelizmente, se repetiu, e o nosso barão de Mauá também quebrou. O banco de Calçado que sustentava a construção da usina ficou insolvente e a obra foi interrompida.

Hoje, ainda é possível ver as ruínas do prédio da usina e das casas que foram construídas ao redor, para hospedar os trabalhadores e diretores da futura fábrica de açúcar.

Com a quebra do Banco de Calçado, o nosso grande empreendedor foi embora para Vitória e por lá morou até o seu falecimento.

Quando jovem, em Calçado, escutava buchichos que o Pedro Vieira tinha ido para Vitória deixando alguns investidores da cidade no prejuízo, mas, segundo meu pai, ele saldou todos os seus compromissos, e essas fofocas eram por motivos políticos.

Com a distância imposta pelo tempo, isso não tem a menor importância, pois o que ficou para nós é que ele foi o grande empreendedor e sonhador calçadense.

Pena que o seu maior sonho virou pesadelo!

O RELÓGIO

Não sei por que o homem teve a "brilhante" ideia de marcar o tempo. Isso virou uma agonia na vida da gente, pois a marcação do tempo só serve para nos avisar, o tempo todo, que o nosso tempo está acabando.

Eu até que tenho uma boa relação com o tempo, não dou muita bola para ele. Mas tem um instrumento de marcação do tempo que me acompanha, um relógio carrilhão Junghans – para os mais jovens, relógio carrilhão é aquele que toca de 15 em 15 minutos –, que meu pai comprou de um caixeiro viajante que passava pela Fazenda Velha nos anos 1940 e 1950.

Esse relógio ficava pendurado na parede da sala de nossa casa, lá na Fazenda Velha. Foi nele que meu irmão, minhas irmãs e eu aprendemos a contar o tempo.

Uma das funções nada nobre desse relógio era ser parceiro de minha mãe e marcar o tempo em que ficávamos de castigo, sentados numa cadeira de balanço, esperando o relógio tocar de quatro a oito vezes, a depender do "crime".

Ele também contribuía para muitos dos meus medos de infância. Quando tocava as 12 badaladas da meia-noite e eu ainda não tinha conseguido dormir, ficava apreensivo, escutando todos os barulhos "pavorosos" que o silêncio da meia-noite na roça trazia para a minha imaginação. Ouvi uma história que dizia que se o relógio batesse 13 vezes à meia-noite, tinha "alma penada" dentro de casa. Juro que já escutei esse relógio batendo 13 vezes à meia-noite!

Na adolescência, já morando em Calçado, esse relógio veio junto, e a sua contribuição com o tempo era bater às seis horas da manhã, informando-nos que já era hora de levantar e ir à escola. Um saco!

O tempo passou e vieram os relógios a pilha, e o velho relógio ficou esquecido em cima de uma estante, sem o tempo para fazê-lo feliz.

Um dia, ao vê-lo abandonado, resolvi que deveria resgatar a sua "nobre" função e mandei restaurar a sua máquina e caixa em um relojoeiro antigo de Vila Velha-ES. Para aqueles que gostam de relógio antigo, esse relojoeiro ensinou ao filho e ao neto a sua profissão, e a relojoaria continua em plena atividade.

O velho carrilhão continua aqui em casa, no meu escritório, marcando o tempo e me acompanhado pela vida. Se não me engano, a Barbara, minha filha mais nova, já o escutou tocando treze vezes à meia-noite.

Os meus filhos não dão muita bola para ele, até reclamam do seu canto de 15 em 15 minutos. Mas quem sabe um deles desperte e sinta a alma desse relógio e as histórias que ele carrega?

EU E A LOUCURA

Hoje vou falar de uma das questões mais complexas da existência humana, que é a loucura.

Foucault, em sua história da loucura, faz uma viagem no tempo, e a loucura é o seu personagem principal. Retrata a loucura na idade clássica como a história da desrazão, em que os loucos eram comparados às prostitutas, aos indigentes e aos vagabundos. Ficavam a vagar como personagens peçonhentos da vida humana. Mais tarde, ele utiliza a imagem de uma nave de loucos, que navega pelos rios sem ter aonde chegar. Os loucos eram enviados para além dos muros das cidades e ficavam a perambular fora dos espaços civilizatórios.

Posteriormente, no século XIX, o médico Philippe Pinel cria o protótipo dos hospitais psiquiátricos, em que os loucos eram afastados da sociedade e os médicos passaram a ser os seus guardiões. Esse modelo perpassou todo o século XX e os manicômios psiquiátricos só foram instintos na reforma da psiquiatria pela Organização Mundial de Saúde no início do século XXI.

Toda essa introdução é para falar sobre a minha experiência com a loucura, quando criança lá na Fazenda Velha.

Antoninho era primo de meu pai. Tinha uma estatura mediana e um corpo magro, cuja aparência era de um homem comum. Morava na antiga sede da Fazenda dos Quatro Irmãos, à margem da estrada Calçado–Bom Jesus, no cume de um morro onde hoje é a propriedade dos herdeiros do seu Alcibides Gonçalves. Ele era um dos personagens que Foucault retrata como uma racionalidade não razoável. Vivia perambulando sem rumo e totalmente perdido dentro de si pelas estradas da Fazenda Velha.

Eu tinha um medo danado do Antoninho. Toda vez que ele aparecia no portão lá de casa eu me escondia em algum canto da casa. Até mamãe tinha preocupação de que ele pudesse cometer alguma violência com uma criança, mesmo com o respeito que ele tinha por ela, pois, em situações de estresse, tornava-se uma pessoa agressiva. Às vezes, quando já era noite e ele aparecia lá em casa, encontrando as portas e janelas cerradas, passava uma vara na janela, fazendo um barulho apavorante para nós, crianças. Era um medo sem escalas de medida que eu sentia!

Certa vez, meu pai viajou ao Rio de Janeiro para comercializar café e o Jaime foi a Calçado para namorar. Mamãe ficou sozinha com os filhos. Já no início da noite, estávamos todos recolhidos, quando, de repente, surge à porta da cozinha o Antoninho. Silêncio total da garotada.

Ele puxou conversa com mamãe, perguntando pelo papai. Ela respondeu que estava viajando. O visitante, fazendo cara de preocupação, perguntou se ela não estava sofrendo muito ali, sozinha, com a criançada. Antes mesmo que mamãe respondesse, ele continuou a conversa dizendo que poderia acabar com o sofrimento dela, passando-lhe uma navalha no pescoço. Não sei se eu entendi essa conversa, pois era muito pequeno, mas devo ter feito xixi nas calças.

Mamãe, com a firmeza que lhe era peculiar, respondeu que não tinha tempo para essas conversas. Do mesmo jeito que ele apareceu, desapareceu.

No final, as histórias da loucura tendem a ser trágicas, e a do Antoninho não foi diferente. Uma noite, ele foi dormir lá em casa. Levantou-se no meio da madrugada sem ninguém perceber, enrolou-se em um lençol e caminhou até a ponte dos Vieiras, lá na Fazenda da Segunda, onde se jogou no rio Itabapoana.

Outra história trágica da loucura que presenciei foi a de Dona Maria, uma senhora que morava no alto de um morro atrás da Usina São José, onde havia uma mina em que buscávamos água para beber.

Dona Maria tinha os cabelos brancos e totalmente embaraçados, pois não eram penteados. Descia o morro cantando, às vezes gritando, totalmente sem destino, com uma racionalidade não razoável. Aquilo era um sofrimento para todos os moradores da região.

Um certo dia, Dona Maria foi encontrada toda machucada. Tio Aristide a levou para o hospital. Infelizmente, ela não resistiu.

A forma como se machucou ficou em segredo, ninguém falava nisso lá na fazenda, mas sempre há uma história por trás do mistério. Contavam, a boca miúda por lá, que Dona Maria morreu devido aos ferimentos causados por um trabalho que havia sido feito para curá-la do mal. Cobriram-na com vários quadros de santos envidraçados e sapatearam em cima dela, num ritual de exorcismo.

Sei que essas histórias trágicas são muito tristes, mas a vida que a gente vive é cheia de casos alegres e tristes. Foi assim que a minha alma infantil assistiu a essa realidade dura da existência humana.

PARTE 2

~

O verão,
o tempo da luz

~

A CASA MAL-ASSOMBRADA

Nos tempos da Fazenda Velha, uma das diversões da garotada era escutar histórias de assombração contadas pela minha mãe, uma ótima contadora de histórias, e pelos moradores da fazenda, que tinham a imaginação fértil e crenças das mais variadas nos mistérios da vida e da natureza.

As noites na roça eram cenários ideias para as histórias que ficaram na minha memória, de certa forma, algumas das quais foram responsáveis por alguns medos que carreguei pela infância, adolescência e até hoje. Como dizia a mamãe, "Quem tem cu tem medo".

Já morando em Calçado, na década de 1960, meu pai precisou comprar uma casa que fosse grande para acomodar toda a família, pois estávamos morando na casa de minha avó, que não era suficiente. Procurou daqui, procurou dali e encontrou a casa da Rua 15, cujo dono era o senhor Santinho Ferreira Marques.

Quando fui informado da compra, já fiquei cismado: a casa era muito grande, estava fechada havia anos e o Tião Marques, filho de seu Santinho, havia sido velado naquela casa. Conta a lenda que algumas almas penadas se apegam à casa em que viveram e ficam rondando por ali.

Após as devidas reformas, mudamos para a casa. A mim coube um quarto nos fundos, junto com a minha avó, ao qual a iluminação da rua não chegava e o barulho dos carros passando não atrapalhava o sono da vovó.

Na primeira noite foi tudo bem. As minhas cismas foram esquecidas, pois, com o cansaço da mudança, a mente não comandou o corpo e o sono veio profundo, só acordando na manhã seguinte.

Chegou a segunda noite, todos dormiam. Vovó roncava de dar gosto e era o único barulho que se ouvia naquele silêncio assustador.

Eis que, de repente, não mais que de repente, escuto um barulho de água caindo do chuveiro. Alguém estava tomando banho!

A adrenalina percorreu todo o meu corpo. Subiu um arrepio vindo da ponta dos pés, passando por todo o corpo e indo ao encontro do mais alto dos fios de cabelo da cabeça. Não tive dúvidas: era o Tião Marques que tomava banho.

Do mesmo jeito que começou, a água parou de cair do chuveiro. Fiquei ali deitado e parado, como se brincasse de estátua, com os olhos fechados, com medo de abri-los e ver o vulto do Tião Marques trocando de roupa no quarto. Permaneci assim, até que o sono venceu o meu medo.

Naquela época, eu era pré-adolescente e qualquer demonstração de medo pegava mal para a minha masculinidade, por isso não contei a ninguém e suportei, por um tempo, a agonia de toda noite ficar na expectativa do chuveiro abrir novamente, até que o sono me vencesse.

Passados alguns dias, estava eu no banheiro escovando os dentes após o almoço, quando o chuveiro abriu. Levei o maior susto! Mas a iluminação do dia me encheu de coragem, fui até o boxe, abri a porta e olhei quem estava lá. Não havia ninguém!

Saí do banheiro meio assustado, mas não deixando que alguém percebesse, relatei para o meu pai que o chuveiro estava ligando sozinho. Ele, sorrindo, me explicou que era ar nos canos, devido ao tempo em que a casa estivera fechada.

Fingi que acreditei! E a vida continuou...

AS CADUQUICES DA VOVÓ

Dentre aquelas Vieiras de Rezende bem bonachonas, vovó Lota foi uma que falava muito alto devido à surdez e vivia paparicada pelos quatro filhos.

A nossa relação foi muito boa. Eu era o seu neto predileto, acredito que isso seja em virtude de ter-lhe feito companhia em sua velhice. Dormi em sua casa durante um bom tempo e continuei sendo seu companheiro de quarto quando veio morar conosco, na casa da Rua 15.

Quando garoto, gostava de fazer pequenas "sacanagens" com a vovó.

Ela ficava deitada o dia inteiro, coçando a barriga, num quarto em que a cama ficava de frente para a sala de jantar, de onde não era possível ver a porta da sala de entrada, que sempre estava aberta.

Aproveitando a oportunidade da porta aberta, jogava pequenas pedras, pedrinhas mesmo, no assoalho da sala de jantar. Ao escutar aquele barulhinho da pedra caindo no assoalho, ela o associava a uma galinha andando e comendo e gritava lá de seu quarto:

– Chô, galinha, chô, galinha, chô, chô, chô...

Esse ritual era diário, assim que eu chegava da escola.

Quando vovó me via, começava a reclamar das galinhas, mandando-me ir à casa do seu Zé Inácio e Dona Mariquinha, seus vizinhos, e reclamar que as galinhas deles estavam entrando na sua casa e iriam acabar "borrando" na sala.

Outra sacanagem que gostava de fazer era matar os pernilongos, e muitos, que a picavam durante o sono, espremendo-os no seu rosto. No dia seguinte, ela amanhecia preocupada, reclamando com o seu filho, o tio Aristides, que era médico, que o seu rosto estava cheio de sangue e que talvez fosse uma doença que poderia levá-la à morte. Tinha um medo danado de morrer! Mas Deus a agraciou com a perda da consciência, ficou caduca, como dizíamos à época. Acredito que não teve consciência do seu fim.

No período de sua "caduquice", já numa cadeira de rodas, um dos seus passeios prediletos era visitar o seu pai, Pedro Vieira, aquele do busto na praça. Parava em frente ao busto e chorava como uma criança. Juro que sentia compaixão por aqueles momentos dela.

Saía dali e já não se lembrava mais do pai. Dava boas risadas quando eu descia a ladeira da Rua 15 empurrando sua cadeira de rodas a toda velocidade.

Num desses passeios para visitar a estátua do pai, acompanhou-nos o tio Luizão, seu filho. Quando descemos a ladeira de volta, empurrando a sua cadeira, passamos em frente à casa do seu Nego Boleli, um senhor muito educado, mas com fama de ter sido um homem bravo na juventude. O velho Nego Boleli estava dentro de casa, apoiado à janela, e nos cumprimentou com toda a gentileza.

Vovó, com aquele seu jeito bonachão, em voz alta perguntou:

— Meu filho, quem é esse?

Tio Luizão, balançando a cabeça, cumprimentou o senhor da janela e respondeu para a vovó:

— Senhor Nego Boleli, mamãe.

Ela, fazendo-nos pagar o maior mico, replicou no mesmo tom de voz da pergunta:

— "Grandes Biscas".

Ficamos parados naquele silêncio sepulcral. E o senhor Nego, vendo o nosso constrangimento, respondeu calmamente para meu tio:

— Fica tranquilo, senhor Luizão, ela não está sabendo o que fala – quebrando o clima.

Saímos dali o mais depressa possível, sem saber o que responder.

Vovó, nesse período, implicava muito com mamãe, por ciúmes do meu pai, seu filhinho querido.

Às vezes, ela cismava em não comer. Dona Haidê, esposa do senhor Nilson Junger, uma de suas amigas, tinha que se deslocar desde a Vala, dirigindo o seu Fusquinha 66, até a nossa casa, fingindo que trazia o seu almoço.

Vovó, assim que via a amiga, sussurrava aos seus ouvidos que não queria mais o almoço lá de casa, pois a mamãe estava envenenando sua comida.

Mamãe! Sempre muito polida, nunca se aborrecia com suas implicâncias, pelo contrário, divertia-se com elas, entendendo as deficiências cognitivas da vovó.

O tempo passou e ela foi apagando-se aos poucos, até que veio a falecer, já bem velhinha, numa madrugada de outubro de 1970.

Papai me acordou às três horas da madrugada e disse:

— Vai buscar seu tio Aristides, que sua avó morreu.

Saí andando apressado, cismado, pelas ladeiras mal iluminadas, com aquela cerração baixa, característica das madrugas calçadenses, em direção à casa do meu tio.

Quando lá cheguei, tia Amélia, sua esposa, estava de pé à porta, já aberta, procurando por alguém. Quando me viu perguntou:

— Meu filho, foi você quem bateu à porta?

E eu respondi:

— Não, tia.

Acredite quem quiser!

CERCADO DE IRMÃS POR TODOS OS LADOS

Qualquer garoto que teve a "sorte" de conviver com cinco irmãs, uma das quais "nasceu" com oito anos, não pode ter passado impune pela infância e adolescência. Essa foi minha sina. Tinha irmã para todos os lados.

A mais velha, Ângela, adorava duas singelas brincadeiras: fingir-se de morta para os miúdos chorarem e pingar cera de vela derretida na nossa testa quando dormíamos.

A Dodora foi meu desafeto. Da infância à adolescência tivemos várias brigas. A minha bronca é que ela corria mais e era mais forte do que eu, e sempre que mamãe solicitava, me pegava para receber umas chineladas.

Certa vez, já adolescentes, tivemos uma boa briga: saímos correndo um atrás do outro pela rua onde morávamos em Calçado, atirando qualquer objeto que estivesse em nossas mãos.

A minha irmã Dadá era aquela em que todos se apoiavam, sempre compreensiva, não brigava com ninguém e sempre dava razão ao mais fraco.

Rita, irmã que ganhei com oito anos, era uma "peste", tinha uma unha de fazer inveja a qualquer gato, parecia uma navalha. Lembro-me de uma briga em que lhe dei um murro nas costas e levei de troco uma arranhada no rosto. Menti para os colegas do ginasial dizendo que um gato havia me arranhado. Já imaginou se alguém descobrisse a verdade? Um homem apanhando da irmã? Seria uma vergonha!

A minha irmã mais nova, a Carlota, era minha parceira em inúmeras brincadeiras, mas, como irmã, não poderia deixar de ser "traíra" algumas vezes. A sua provocação predileta era me chamar de "mulherzinha", uma "ofensa" que dava ânsia de matar.

Numa de suas provocações, resolvi "arrebentar" com ela: corri atrás, mas não consegui pegá-la, e a alternativa que me restou foi arremessar, em sua cabeça, um tênis All Star de cano longo, novinho em folha. Infelizmente, movido pela raiva, não acertei, e ela, com um sorriso maroto, pegou o tênis e jogou numa poça de lama. Naquele dia, não virei criminoso por interferência de meu pai.

Agora, imagine uma briga de todas elas contra você? Essa briga aconteceu.

Lá pelos meus 12 anos, meu pai comprou, em Calçado, a casa do senhor Santinho Marques, pai do Tião Marques, que havia falecido recentemente. O seu corpo havia sido velado naquela casa, o que me deixava cismado com a casa, achando que era mal-assombrada. Tinha um medo danado de dormir em um quarto escuro que ficava nos fundos da casa, ainda mais após a morte da vovó.

Certa vez, minha mãe passou por uma cirurgia e ficamos sozinhos em casa. De manhã, fomos escovar os dentes num único banheiro e nos preparar para a escola.

Começa, então, aquela discussão de quem será o primeiro, o segundo e assim por diante. Eu, metido a homem da casa, fui na frente sem dar a menor importância a qualquer hierarquia. Isso irritou as minhas irmãs, e começou a discussão.

Dadora, a mais implicante, em pé, abrindo e fechando as pernas arqueadas, gritava e debochava:

— Eu não durmo num quarto sozinho não, mas eu sou homem.

E repetia!

Até que foi acompanhada, em coro, por todas.

A adrenalina subiu e a raiva veio junto. Fechei a porta do banheiro e comecei a dar porrada para todos os lados. Uma delas caiu no chão, outra dentro da banheira, e duas avançaram em cima de mim. Virou o maior faroeste.

Dadá, a mais calma, esparramada dentro da banheira, de pernas para o ar, apavorada, gritava:

— Gente, o homem 'tá possesso! O homem 'tá possesso!

Depois de muitos bofetões e arranhões, o bom senso veio e paramos a briga.

Perceberam o veneno escorrendo pelos meus dentes ao contar esta história? Achou graça? Vá conviver com todas juntas para ver o que é bom!

Brincadeiras à parte, apesar dessa aparente violência, acredito que também aconteceu com muitos daqueles que viveram cercados de irmãos por todos os lados. Essas brigas fizeram parte da construção de nossa família e são encaradas por nós com muita naturalidade e bom humor. Hoje somos muito unidos e essas histórias são passadas para as novas gerações, que se deliciam com elas.

JOÃO BATISTA

Era um sábado de uma madrugada gelada de junho. A cerração estava densa e, da janela do meu quarto, no alojamento da UVF, mal se viam as manchas luminosas das lâmpadas do centro de convivência do Diretório Central dos Estudantes (DCE).

Eu estava deitado... João Batista murmurava aos meus ouvidos a bela e suave canção "Love", cantada por Nat King Cole, que acariciava meu coração ferido por um amor não correspondido.

João Batista foi um rádio, de três faixas, comprado por minha irmã Dodora, nas Lojas Helal, em Vitória, com o seu primeiro salário de professora. O seu nome de batismo foi em homenagem a um primo que falava muito. Passado algum tempo, Dodora perdeu o encanto por ele e o deixou comigo. Esse rádio foi meu companheiro por mais de dez anos.

Na voz do João Batista, conheci os estádios de futebol do Brasil, principalmente o Maracanã e São Januário, nas narrações de Waldir Amaral e Jorge Cury, dos jogos e dos gols dos meus ídolos vascaínos, principalmente do Roberto Dinamite.

Escutei as mais belas canções do Brasil e do mundo, sintonizado nas rádios Difusora de Cariacica, Jornal do Brasil e Mundial.

Na voz elegante de Eliakim Araújo, a voz da rádio JB, soube o que acontecia pelo mundo: a Revolução dos Cravos, a morte de Franco e o retorno da monarquia na Espanha, a renúncia do Nixon, a morte de Mao Tsé-Tung e as notícias sobre a Guerra Fria entre USA e URSS. Também escutei, em todas as rádios do dial do João Batista, o silêncio sobre as atrocidades que ocorriam no Brasil durante a ditadura militar.

Uma das notícias que o João Batista trouxe e me marcou foi na ocasião em que me preparava para o vestibular em Viçosa. Durante a final do campeonato mineiro, entre Atlético e América, o locutor interrompeu a transmissão do jogo e anunciou:

— O Palácio de La Moneda, no Chile, foi atacado pelos militares, sob o comando do general Augusto Pinochet. O presidente socialista Salvador Allende morreu durante o ataque.

Com essa notícia, iniciava-se uma das mais sangrentas ditaduras da América Latina, e com reflexos no Brasil, por meio da Operação Condor.

Voltando aos encantos da música, quando a opção era um *rock* dos bons, a pedida era a rádio Mundial AM 860 e o programa Ritmos de Boate, à meia-noite, com o inesquecível Big Boy. Lembram?

Tinha também a rádio Difusora de Cariacica, uma das rádios mais ouvidas de Vitória, cuja programação era das 6h às 24h, só tocando músicas, e das 12h às 13h, um programa inesquecível: músicas para o seu almoço, só músicas instrumentais.

O tempo foi passando... o João Batista envelhecendo. No início, apenas um cascudinho o ressuscitava, depois nem mesmos tapas e sacolejos faziam o João Batista cantar para mim.

Não teve jeito... morreu. Tentei substituí-lo por um aparelho de seis faixas, que pegava até rádios da China, mas não adiantou. João Batista mora, até hoje, nas minhas memórias.

Compartilhei com ele as mais secretas emoções da época de estudante na UFV. Acalentava-me durante as madrugadas em que me sentia triste e me alegrava nos dias em que o Sol brilhava na minha alma.

Grande João Batista!

AS FESTAS DE MAIO

Durante a década de 1960, se alguém perguntasse a um calçadense qual era melhor mês do ano, com certeza a resposta seria o mês de maio, quando aconteciam as grandes festas no município, que se iniciavam no dia primeiro, com o torneio do trabalhador, e terminavam no dia 31, com a festa da cidade.

O torneio do trabalhador movimentava as comunidades rural e urbana, que formavam várias equipes: Fazenda Velha, Alegoria (conhecida popularmente como "Liguría"), São Benedito, Palmital, Catadupa, Sapecado etc., para disputarem, no estádio do Americano, minipartidas de futebol de dez minutos cada tempo. Os perdedores eram eliminados e os vencedores seguiam para a fase seguinte, até que os finalistas fossem selecionados para a disputa do cobiçado troféu do trabalhador.

Havia também as festas religiosas em maio, o mês das mães, representadas por Maria, a Mãe de Jesus. A comunidade participava de várias atividades durante o mês. As mais famosas eram os leilões de bezerros e a barraca da Dona Zizi, construída ao lado do coreto, a qual servia o chocolate quente mais gostoso do mundo.

Para as meninas e seus familiares, o que mais importava na festa religiosa era a coroação de Nossa Senhora, que acontecia todos os dias do mês. O altar da Igreja Católica era ornamentado com flores, velas e fitas coloridas, e duas escadas construídas por detrás do altar, uma de cada lado. As meninas, com longos vestidos brancos e tiaras de flores na cabeça, posicionavam-se, uma a uma, em cada degrau das escadas, formando uma espécie de asa de anjo meio aberta. No encontro das duas escadas existia uma plataforma, onde ficavam as escolhidas para coroar Nossa Senhora. Cânticos religiosos ecoavam por toda a igreja enquanto a coroa era conduzida pelas mãos das meninas, até pousar suavemente na cabeça da santa. Havia também os anjinhos, menininhas vestidas de branco e com asinhas, que se posicionavam em frente ao altar. Vestir-se de anjinho era um rito de passagem para futuras coroações.

O ponto alto das comemorações acontecia mesmo no fim do mês, com a festa da cidade. A população se enfeitava toda, comprando roupas e sapatos novos nas duas lojas da cidade. Os mais abastados frequentavam a loja do senhor Daúde. Eram atendidos por duas de suas filhas, as educadíssimas Neife e Elenice. Fazer compras na loja do senhor Daúde era um exercício à boa educação: as suas filhas falavam tão baixinho que os clientes se sentiam contaminados por essa postura.

Já a loja dos D'Ávilas era frequentada, em geral, pelas classes mais populares. Lá se vendia de tudo: sapatos, roupas, roupas de cama, colchões, brinquedos e mais um montão de coisas. Não me esqueço das calças "faroeste", que só davam para vestir uma vez, pois, quando eram lavadas, encolhiam tanto que a metade da canela ficava de fora.

Na inconfundível voz do nosso maior comunicador, o saudoso Jair Melo, que, na difusora calçadense, anunciava, durante todo o mês de maio, as atrações da festa: a sensacional partida de futebol entre Americano e Motorista, a chegada do Excelentíssimo Senhor Governador do Estado, o sensacional filme no Cine Teatro São José, o monumental *show* no coreto da praça, com a lindíssima conterrânea Darlene Glória e, é claro, o estupendo baile no Montanha Clube, abrilhantado pela famosa orquestra Cassino de Sevilha. Ouvir pela difusora calçadense a voz do Jair Melo anunciando as atrações da festa, tendo como fundo musical a marcha militar "O Cisne Branco", causava frenesi em toda a população calçadense.

Três dias antes da data marcada, começavam a chegar os barraqueiros. Eles vinham de Italva, Itaperuna, Campos e outras cidades da região. As barraquinhas ficavam armadas, desde a ladeira à esquerda da praça até à frente do coreto, formando um "L" invertido. Essas barracas, um shopping a céu aberto, tinham de tudo: utensílios para cozinha, roupas, bijuterias e, principalmente, brinquedos.

Os garotos gostavam de um brinquedinho muito conhecido, o ioiô. Naquela época, fabricado em dois modelos, um mais sofisticado, não muito apreciado pelos meninos, que o consideravam "meio fresco", constituía-se de dois discos unidos no centro por um pequeno cilindro ao qual se prendia um cordão; o outro, um tipo de esfera de pó de serra amassada nos polos, enrolada por várias camadas de papel brilhoso e amarrada a um elástico de aproximadamente um metro. Esse tipo de ioiô, além de ser muito mais barato, era um excelente instrumento para fazer uma boa sacanagem. A garotada lançava o brinquedo na cabeça de um transeunte e o recolhia imediatamente, mantendo-o escondido com as mãos para trás. Em geral, o atingido nunca sabia de onde vinha a pancada e ficava xingando para todas as direções à procura do moleque filho da puta que o havia atingido.

Já as meninas gostavam daquelas bonequinhas de plástico, bem baratinhas, que viviam soltando as pernas, os braços e a cabeça.

O fim da noite do dia 30, véspera do encerramento da festa, era coroado com o grande baile no Montanha Clube. As moças e as senhoras calçadenses, vestidas com os seus belos "tubinhos", a moda da época, portando na cabeça penteados altos e com bastante laquê – construídos cuidadosamente no salão de dona Dalva –, desfilavam pelas ladeiras da cidade acompanhadas dos homens vestidos em seus ternos pretos. Esse vaivém de pessoas paramentadas para o baile e o som da orquestra a ecoar pela praça davam à cidade um ar solene e nostálgico de uma época que ainda permanece na lembrança de muitas broinhas (calçadenses).

Já no último dia da festa, as programações reservadas ao público eram o grande clássico entre Americano e Motorista, o *show* em praça pública e a queima de fogos, marcando o encerramento dos festejos. Os fogos eram queimados à meia-noite, ao lado da igreja. Ao serem lançados ao céu, iluminavam, com luzes brilhantes e coloridas, a bela praça da cidade, enchendo os corações dos calçadenses de um sentimento misto, de tristeza, pelo encerramento de um mês tão cheio de alegrias, e de expectativa, por um próximo mês de maio ainda mais emocionante.

O JEEP E O JOÃO

Diz o ditado popular: "Quando começamos a olhar mais para o passado do que para o futuro, estamos envelhecendo".

Muitas vezes sou surpreendido com as lembranças do passado, principalmente da época em que vivi em Calçado. Revirando a memória, lembrei-me de várias pessoas que foram importantes na minha vida quando morei em Calçado, dos 11 aos 16 anos. Sem querer atribuir maior ou menor importância aos amigos, gostaria de falar de um em especial, o primo João Bosco.

Quando a minha família foi da fazenda para a cidade, eu estava com 11 anos. As diferenças culturais entre a roça e a cidade eram grandes, e as brincadeiras da turma urbana, tais como brincar de mocinho e bandido, forte Apache, jogar futebol de botão, colecionar figurinhas, que recebiam a influência da televisão recém-chegada e dos filmes do Cine São José, não faziam parte do meu cotidiano.

Lá na roça o mundo era outro: jogava bola com bexiga de porco, brincava de carro de boi feito de lata de sardinha com rodas de mexerica verde, andava de carroça puxada por bode, pegava coleirinho, catatau e canário da terra, tomava banho de rio e pescava.

Já em Calçado, coube ao João Bosco apresentar-me a esse novo mundo. Era um garoto vivido, sabia das coisas, conhecia a turma que era legal e também aqueles que eram carne de pescoço. Quando algum garoto da rua vinha me aporrinhar, ele saía em minha defesa. Com isso, foi se tornando um grande companheiro, como um irmão mais velho, e ao seu lado aprendi muito da vida.

Como não gostava muito dos estudos, a família resolveu mandá-lo para morar com um irmão, em Machado, uma cidade do sul de Minas, para ver se adquiria gosto pelos livros, mas não se adaptou àquela vida cheia de regras que lhe impuseram, voltando um ano depois. Foi uma alegria geral, pois, durante o período em que ele morou em Machado, me senti órfão sem sua presença.

Das muitas coisas que fizemos juntos, tenho recordações do primeiro cigarro que fumamos, cuja marca era "Vanguarda", do primeiro porre de conhaque Dreher (que não posso sentir o cheiro até hoje), dos passeios de bote no rio Calçado, das pescarias de bagre no córrego do Jacá, dos passeios na Morubéca, lá pelas bandas de Bonsucesso. Viajávamos o dia inteiro, percorrendo o vale do Jacá montado em duas velhas mulas aposentadas, por terem prestado relevantes serviços às tropas que puxavam café.

Em nossa adolescência, seu pai comprou um Jeep 52 e pediu ao Célio, o motorista de ônibus, para ensiná-lo a dirigir. Aprendeu logo no primeiro dia, tornando-se um excelente motorista.

João Bosco escandalizava a sociedade calçadense, pois tinha fama de dirigir em alta velocidade (e dirigia mesmo). Muitos pais proibiam seus filhos de andar de carro com ele, mas todos arranjavam um jeito, e o Jeep estava sempre cheio.

Andei naquele Jeep durante dois anos e, apesar da velocidade com que ele dirigia, nunca tive medo, pois além do excelente motorista que ele sempre foi, a adolescência nos deixou inconsequentes.

O Jeep fez fama em Calçado. Era pau para toda obra, levava a turma para os bailes das redondezas, para as "zonas" de Guaçuí e de Bom Jesus, para o Cine Monte Líbano e carregava o bambu e o sapé usados na construção das barracas das festas juninas do Colégio de Calçado. Até as escadas atrás do coreto o Jeep descia, quando o João Bosco queria exibir-se para alguma garota.

Quanto aos amores, nunca tivemos segredos um com o outro; ao contrário, fomos confidentes dos nossos sucessos e insucessos amorosos.

Nas "artes" da vida, João Bosco me ensinou muito, mas, em algumas delas, como jogar sinuca e totó, ele se dava mal, pois sempre fui melhor do que ele.

Tivemos uma convivência muito boa, até que nossa vida tomou rumos diferentes: ele casou-se com a professora Cristina Garcia, teve filhos e continuou morando em Calçado. Eu saí para estudar e nunca mais voltei. Só o acompanhava de longe.

O meu querido amigo e primo João Bosco lutou desde a adolescência com um inimigo poderoso, que não lhe deu trégua, que acabou levando-o precocemente.

Quando fui me despedir dele e vi aquele homem bonito, de barba feita e um bigode bem aparado, deitado, coberto de flores e com o velho chapéu de feltro, seu companheiro inseparável, apoiado sobre as suas mãos, senti um aperto no coração e a sensação de que também tinha morrido um pouquinho naquele dia.

MENTIRA COM AZAR

Tem um ditado popular que diz que a mentira tem pernas curtas. Com certeza, existem as exceções: para uma mentira ter pernas longas, aquele que conta precisa ficar sempre atento e nunca se esquecer dela, para não ser pego no contrapé. Por favor, não me acusem de ensinar a pregar mentiras.

Revirando as minhas memórias, lembrei-me de um caso que culminou numa combinação perversa: mentira com o azar, aí a solução é complicada.

Era Copa de 1970, Calçado estava num entusiasmo só: pela primeira vez a cidade assistiria aos jogos da Copa pela televisão. Em Calçado, uma das poucas televisões que "pegava bem" era a da casa do seu Juquita Barroso, onde assistimos aos jogos.

Um dos costumes da época era fazer um bolão com os possíveis resultados do jogo. Aquele que acertasse ganhava todo o dinheiro.

Quem organizava os bolões era o Jair Melo, locutor e dono da difusora calçadense, que espalhava as notícias da cidade para o mundo. Se bem que os que moravam na "Rua do Canto", aquela que vai para Bom Jesus, já não escutavam a difusora.

O primeiro jogo do Brasil foi contra a Checoslováquia. Meu pai me deu alguns cruzeiros para ir lá no Jair Melo e jogar no bolão. O resultado que me mandou apostar foi 1 x 1.

Quando subia a ladeira e passava em frente ao bar do Crissaf, ele, com aquele jeitinho delicado que conhecemos, gritou lá de dentro:

— Ô moleque, você não vai pagar a sua dívida não?

Esse era o Crissaf, o único que vendia fiado à molecada e tinha um jeito todo especial para cobrança. A dívida era a do jogo de sinuca, do totó e daqueles quibes deliciosos, que batiam no estômago da gente e nos lembrávamos deles por uns três dias.

Diante da situação constrangedora, não titubeei, peguei o dinheiro do bolão e paguei a dívida, acreditando que o resultado de 4 x 1 não aconteceria de jeito nenhum e ainda me livraria das cobranças do Crissaf.

Quando cheguei em casa, meu pai me perguntou se eu havia jogado no bolão. Eu, na maior cara de pau, respondi que sim. Essa foi a primeira de uma sequência de mentiras.

O azar veio no dia seguinte, no dia do jogo, deu na cabeça 4 x 1 para o Brasil.

Começa, então, a minha agonia. Papai, todo eufórico com o resultado do jogo, achava que o bolão havia dado uma boa grana, pois, com o resultado inesperado, acreditava ter ganhado sozinho, e me mandou buscar o dinheiro lá no Jair Melo.

Daí em diante, começa, então, uma sequência de outras mentiras. A próxima foi que o Jair Melo não estava em casa e, no outro dia, fiquei até mais tarde na aula de educação física e, ao sair, a difusora estava fechada. Esse jogo de empurra se estendeu por uns três dias. Nem dormia direito, pois não conseguia pensar como resolver o problema. Aposto que muitos de vocês já passaram por situação semelhante.

Então, me veio a brilhante ideia, uma mentira definitiva: sair decidido fingindo que iria à difusora do Jair Melo buscar o dinheiro. Voltei e contei ao meu pai – com a cara mais lavada do mundo, fingindo indignação – que o Jair Melo havia se enganado, marcando o resultado de 3 x 1 para o Brasil.

Após alguns xingamentos, papai não falou mais no assunto. Nunca foi conferir com o velho Jair Melo essa história, provavelmente por já saber que a grana era pouca.

Morreram sem saber a verdade: ele e o Jair Melo.

Viram como uma mentira tem que ser sustentada por um longo tempo?

CARNAVAL DE SANGUE

Na época de ouro do Montanha Clube, os carnavais eram momentos espetaculares, de encontro e confraternização entre os calçadenses que viviam na cidade e aqueles que estavam morando fora.

A noite de sexta-feira, véspera de carnaval, era um momento mágico para quem vivia na cidade. Na praça, os jovens se reuniam na expectativa da chegada do ônibus que vinha da capital. Na madrugada de sábado, a Empresa Brasil chegava com os amigos e amores de ocasião. Eles vinham do Rio de Janeiro, Niterói e outras cidades fluminenses.

O carnaval no Montanha Clube começava no sábado e terminava na Quarta-Feira de Cinzas, seis horas da manhã, com a banda dos Sá Viana dando a volta na praça, acompanhada dos foliões. Era o "gran finale".

Hoje não vou falar das alegrias dos carnavais, mas do último carnaval.

Os jovens calçadenses dos anos 1970, principalmente aqueles que viviam fora da cidade para estudar ou trabalhar, carregavam nas costas a mão pesada da ditadura militar. Para extravasar as suas irreverências, o jeito era ser abusado nos costumes e no consumo do álcool. A ditadura não se importava com isso.

Era uma sexta-feira de fevereiro, fim da década de 1970, todos se preparavam para as emoções de mais um inesquecível carnaval no Montanha Clube. Cezar estava entre eles. Fazia jus ao nome, era um jovem bonito como um deus grego e batizado com nome do imperador romano. Alegre, despojado, irreverente, como tantos outros de sua época.

Cezar estava com um grupo de amigos. Num arroubo comum aos jovens, tomou para si resolver uma questão com um estranho no "braço". O outro, que nada tinha com a alegria dos jovens da cidade, na confusão lhe tomou as chaves do carro e desapareceu pelas ruas mal iluminadas da cidade, embrenhando-se pelas vielas escuras, onde o mal se esconde e fica à espreita.

O jovem Cezar percorreu, então, as ladeiras da cidade à procura da sinistra figura, mas não a encontrou. Aconselhado pelos amigos a ir embora e deixar o carro na praça, não lhes atendeu. Resolveu dormir no veículo, temendo que a sinistra figura roubasse o seu carro. Mal sabia ele que o que estranho queria não era o seu carro, mas, sim, a sua vida.

Cezar estava dormindo no banco traseiro do carro quando foi subitamente acordado pelo estampido de uma bala perfurando o seu corpo. No desespero de quem tenta proteger o seu mais sagrado bem, a vida, saiu do carro e correu, agonizando, em direção à casa dos pais, atrás do grupo escolar, mas foi abatido por um segundo tiro, que o deixou, sem vida, estendido em cima de um monte de areia.

Calçado parou... Como acreditar numa barbaridade dessas? Um jovem tão cheio de vida ser levado assim, de forma tão estúpida? Mas é assim, a morte não nos explica as suas razões!

Na tarde de sábado de carnaval, a cidade, chorando, sepulta um de seus jovens, e o Montanha Clube, pelos compromissos assumidos, não teve como suspender o carnaval.

No baile de sábado, a banda do seu Antônio de Sá Viana tocava as marchas tradicionais do nosso carnaval, acompanhada por Antônio Paizinho, com sua inesquecível voz rouca. Zarife comandava toda a estrutura do Montanha, mas os foliões não escutavam ou dançavam aquelas músicas como sempre. Nem mesmo a tia Quença estava no salão fantasiada com o seu turbante.

Esse foi o último carnaval da geração jovem dos anos 1970, o "carnaval de sangue". Nunca mais se viram, em Calçado, carnavais como aqueles.

O BATISMO DA NOITE

A vantagem de ver o passado numa distância grande, ao ser medido pela régua da idade, é que podemos olhar para ele com experiência e sem a autocensura que só o tempo nos permite.

Hoje vou falar da alma adolescente dos homens da minha geração, pois as angústias e as emoções das mulheres não tenho como sentir. Tenho a impressão de que, nos tempos atuais, a entrada na adolescência é mais tranquila do que foi para a geração adolescente dos anos 1960 e 1970, a minha geração. Penso que hoje não existe mais a obrigação de passar pelo "batismo da noite". Tudo acontece com mais naturalidade nos primeiros contatos com a vida adulta, naquilo que é "permitido" pela sociedade.

Na minha geração, quando os 14 anos chegavam, acompanhados das primeiras penugens de cabelos nas partes do corpo, das espinhas no rosto e do som de taquara rachada, sem controle, ecoando da nossa fala, era prenúncio da emoção e do medo... A emoção do início da vida adulta, em que, em nossa imaginação juvenil, tudo era permitido: fumar, beber, ir à zona, jogar sinuca, ver filmes impróprios, ou seja, tudo aquilo que a gente acreditava ser a razão do homem adulto.

E o medo? O medo era o sexo e os seus mistérios, pois os nossos conhecimentos vinham das cascatas contadas pelos já iniciados, dos nossos autocarinhos e daquelas revistinhas de sacanagem, desenhadas à mão e em preto e branco, que aguçavam o nosso desejo de fornicar com as mais deleitosas fêmeas.

Ser "macho" naquele tempo precisava de uma boa dose de criatividade e capacidade de manipulação das palavras. Quanto mais fantasiosas fossem as narrações dos encontros com as mulheres, maior *status* com os seus pares. Mas, no fundo da alma, cada um carregava o medo do encontro com os mistérios do sexo.

O nosso "batismo da noite" normalmente era na zona: em Bom Jesus, à beira-rio, ou em Guaçuí, na saída para Alegre. Muitos de nós marcamos presença por lá. Naqueles bares mal iluminados por uma luz vermelha bem fraquinha, tomávamos cerveja, dançávamos e contávamos vantagem para as mulheres. Porém não me lembro de alguém que realmente tenha se encantado e partido para as vias de fato. As mulheres da zona metiam medo na gente, pois, na nossa fragilidade de homem, adormecia o medo de falhar. Acredito que até hoje ainda seja uma das grandes preocupações do mundo masculino.

As outras iniciações na vida de homem adulto eram só emoções: a primeira paixão; o primeiro porre, no meu caso, de conhaque Dreher, cujo cheiro não posso sentir até hoje, que me traz ânsia de vômito; o primeiro cigarro; o jogo de sinuca; as cascatas contadas aos amigos; e os filmes "impróprios"; tudo acalentava nossa alma masculina.

Ao mesmo tempo em que as emoções e medos da nossa adolescência eram expostos, a nossa formação de homem era desenhada com as cores fortes do machismo entranhado em nossa sociedade.

Essa história me traz a reflexão de como nós, homens, precisamos reconstruir-nos, para viver em uma sociedade em que a mulher já deu à luz...

"ENCRENCAS" COM PAPAI

Não sei como os meus filhos vão me "guardar" na memória, mas, se for como carrego as lembranças do meu pai, viver faz sentido para mim. Eu e papai nunca tivemos uma relação de amizade e, sim, de pai para filho. Foi um homem muito ético e incapaz de fazer mal a alguém. Pode até ter cometido injustiças, afinal, todos nós, humanos, temos os nossos deslizes pela vida.

Mas como o título sugere, hoje vou falar das nossas encrencas nessa relação tão marcante na vida: que é a de pai e filho.

Começo pela única "coça" que me deu. Tinha oito anos quando me deu o dinheiro para pagar um empregado da fazenda (lembro que eram 500 dinheiros). Mas a moeda? Deixa para lá.

Ao passar em frente ao curral, encontrei alguns "moleques", amigos da fazenda, jogando uma bola feita de bexiga de porco. Não titubeei... entrei no jogo. Terminada a "pelada", voltei para casa, quando papai me perguntou:

— Levou o dinheiro para o empregado?

Ao escutar aquela pergunta, tomei o maior susto: além de esquecer o mandado, o dinheiro não estava mais no meu bolso. Corri de volta ao local do jogo, mas não o encontrei. Naquela confusão, de menino misturado com poeira, o dinheiro deve ter caído no chão e desapareceu.

Papai me trancou no quarto e me deu uma surra danada. Só sei que ele não ficou bem na fita com mamãe, pois ela interferiu e o repreendeu por ter me batido. Depois desse fato, nunca mais levantou a mão para me bater. Apenas alugou meu ouvido e, na maioria das vezes, com razão.

Na adolescência, morando em Calçado, tivemos algumas encrencas, pois a minha responsabilidade andava às favas havia época. Eu era representante de gás na cidade e, quando apresentava as contas ao fornecedor, sempre faltava dinheiro, e ele acabava completando, e me dava muitos esculachos, mas não adiantava. Além de ser desorganizado nos negócios, o meu rendimento era muito pouco e não dava para as despesas, gastando mais do que ganhando.

Abrindo aqui um parêntese, os meus funcionários que entregavam gás eram o Jiló e o Mica. Jiló me cobra até hoje uma dívida de um dinheiro que, segundo ele, não paguei.

Outra encrenca com meu pai aconteceu quando me formei. Voltei para casa sem emprego. Papai queria solicitar ao governador da época, Eurico Rezende, que me arranjasse um emprego. Essa prática de conseguir emprego por meio de políticos era muito comum em nossa sociedade e, de forma alguma, considero que tenha sido um desvio ético dele, pois essa era a ética da época, que, infelizmente, continua até hoje.

Por ter passado algum tempo na universidade e participado dos movimentos estudantis, discordava dessa prática e me rebelei contra a tentativa de me empregar por meios políticos. Eu e meu pai ficamos, então, "emburrados" um com o outro. Na minha arrogância de recém-formado, não queria sua ajuda para nada.

Uma semana após meu retorno, desempregado, à minha cidade natal, recebi um comunicado da UFMG de que estava aprovado no curso de mestrado em Matemática, mas que a bolsa só sairia depois de três meses.

O que fazer para me sustentar em BH durante esse período? Apelar para o meu pai não tinha como. Onde ficaria o meu orgulho?

A solução foi meu tio Aristides, que prontamente me emprestou 5.000,00 dinheiros, com o qual fui para a UFMG. Passado algum tempo, surgiu um concurso de professor no Colégio Universitário (Coluni), na UFV. Fiz o concurso e passei. A condição era que começasse a trabalhar logo, o que me obrigou a abandonar o mestrado.

Com o primeiro salário, paguei o empréstimo ao meu tio. Mas, de forma meio que pirracenta, ao invés de pagar direto ao tio, eu o fiz por intermédio do meu pai.

Quando entreguei o dinheiro para que ele pagasse o tio Aristides, percebi, em sua expressão facial, certo orgulho do filho. Aquele foi, para mim, um dos momentos mais marcantes em nossa relação.

Pena que o mistério da vida o tenha levado mais cedo, sem que eu pudesse usufruir daquela relação madura e bonita que estava se iniciando entre nós.

CINE SÃO JOSÉ

A sala estava totalmente escura, mal dava para ver as pessoas, somente vultos. Da casa de projeção vinha o barulho do filme rodando. O som parecia aquele provocado por um pau de picolé tocando levemente os aros da roda de uma bicicleta girando em velocidade. A projeção passava por cima da cabeça de todos, projetando na tela as imagens em movimento, produzidas pela fita passando em frente ao foco de luz.

O que se via eram imagens, em preto e branco, de uma praia com um farol ao fundo. Uma pessoa caminhava na praia... Só apareciam as marcas dos seus pés na areia. O assustador é que as acompanhavam marcas de outros pés, as quais não pertenciam a ninguém. Essa foi a primeira imagem em movimento que me lembro de ter visto em minha vida. Eu deveria ter uns 10 anos, era a de um filme de terror que passava no Cine São José.

Sempre fui fascinado por cinema, até hoje continuo um frequentador assíduo do Cine Jardins, em Vitória, com duas salas que passam filmes para os amantes da sétima arte.

Essa fascinação vem, é claro, da minha história, lá em Calçado, com o Cine São José.

Ele foi construído por um dos nossos conterrâneos de maior visão cultural e empresarial, Pedro Vieira Filho, Zinho, para a família. A qualquer hora vou falar sobre ele.

O prédio ficava no início da ladeira da Rua 15, com o estilo bem característico das construções calçadenses dos anos 1930 e 1940.

O acabamento da fachada era de um material parecido com areia, de cor cinza-escuro, que nem precisava pintar, apenas lavar vez ou outra.

Acima da marquise que cobria a calçada ficavam duas janelas redondas, com vidros foscos e coloridos. Um prédio pomposo!

No saguão de entrada, os cartazes dos filmes eram colocados em cavaletes voltados para a grande porta principal, sanfonada e de ferro. No alto, pendurados na parede, um relógio redondo, ladeado por fotografias de rosto dos atores famosos da época. Lembro-me das fotos de Gregory Pek, John Wayne, Rita Hayworth, Glenn Ford e Clark Gable.

À entrada da sala de projeção, duas portas cobertas por cortinas de veludo vermelho, uma à esquerda e outra à direta de um grande espelho que refletia a imagem dos que entravam na sala.

Certa vez, a Sebastiana, uma grande cozinheira e doceira que trabalhava com a tia Elcida, foi ao cinema pela primeira vez. Ao chegar à entrada, viu uma mulher no espelho e perguntou:

— Moça, por que lado eu entro, por aqui ou por ali? – apontando o dedo em direção às portas.

Como não recebeu resposta, escolheu uma e entrou, reclamando com a amiga da falta de educação da moça do cinema que, além de não responder, tinha ficado imitando a Sebastiana.

Os filmes eram dois por semana, na quarta-feira, e o mesmo filme no sábado e domingo. Vez por outra havia uma matinê aos domingos, às 10 horas, para a criançada.

Não havia censura para assistir aos filmes, a não ser aqueles que a maioria da população nem sabia que passavam, somente um grupo restrito de homens da cidade.

Quando esses filmes chegavam, a senha era dada pelo nosso maior comunicador, o Jair Melo, que avisava, pela difusora calçadense, para o Brasil e o mundo:

— Senhores, atenção, atenção! Hoje, às 20 horas, no Cine São José, tem reunião da banda. Não percam!

Segundo um dos jovens da época, Claudio Medina, que conseguiu furar o bloqueio e assistiu a um desses filmes, a novela das nove de hoje é muito mais emocionante.

Quanto aos filmes a que assisti no Cine São José e fazem parte das minhas memórias, alguns foram marcantes: os filmes do Tarzan, do Zorro, os faroestes de índio e mocinho, Marcelino pão e vinho, e um que me impressionou muito na época: a história de Santa Maria Goretti, assassinada aos 11 anos de idade, com 14 facadas, dadas pelo seu estuprador.

Hoje, o prédio do Cine São José está totalmente descaracterizado, e não sei qual a sua função. Talvez uma igreja.

Toda vez que passo em frente a esse prédio, vem-me aquela lembrança nostálgica do tempo em que o cinema fazia parte da cultura do povo calçadense.

O tempo passa, novas tecnologias de imagem e de som vão surgindo, mas o cinema, com o seu telão e cadeiras enfileiradas, continua tocando a alma da gente, trazendo à tona os sentimentos mais puros do ser humano.

O TOUREIRO

Havia um costume em Calçado: o de colocar apelidos nas pessoas. Eles surgiam para achincalhar as características pessoais, tais como hábitos, aparência física, comportamento social, um fato acontecido... Eu mesmo fui vítima de um apelido por um fato ocorrido nos anos 1960.

Naquela época, os bois eram levados ao matadouro municipal, puxados por laços que ficavam presos, um, na ponta nos chifres do animal, e o outro, na sela do cavalo do boiadeiro que o conduzia. Com o tratamento, quase sempre cruel, que era dispensado aos animais, eles ficavam estressados e, às vezes, escapavam do laço, saindo em disparada pelas ruas cidade. As pessoas corriam desesperadas à frente do animal, procurando um abrigo seguro. A cena era tragicômica.

Já morando em Calçado, vindo da Fazenda Velha, sempre que aparecia uma oportunidade, retornava à fazenda para matar a saudade.

Num certo dia de verão, o primo João Bosco e eu saímos a pé, logo após o almoço, sob um sol escaldante, com destino à Fazenda Velha. A caminhada era longa, por volta de uma légua.

Ao acabarmos de atravessar a ponte da Vala, ouvimos uma mistura de sons: tropel de cavalos, berro de boi e uma gritaria. Na confusão daquela algazarra, era possível distinguir uma voz que dizia, aos gritos:

— Cuidado com a vaca! Saiam da frente que ela é brava!

Ficamos perdidos com aquela mistura de sons, não sabendo de que direção vinham. De repente surge, na curva da estrada, uma vaca em disparada, vindo em nossa direção. A vaca era daquelas com chifres imensos do tipo indiano, seus olhos estavam arregalados e bufava, soltando uma gosma branca pelo nariz.

Zé Lopinho, o boiadeiro, corria com o seu cavalo atrás do animal totalmente descontrolado, gritando desesperado:

— Sai da frente, moleque, que essa vaca é brava!

O que fazer? Voltar e atravessar a ponte correndo não daria tempo. Com a velocidade com que a vaca se aproximava, alcançar-nos-ia antes mesmo de chegarmos ao meio da ponte. Escapar pelas margens do rio era arriscado, pois havia uma cerca de arame ao pé do barranco que não dava para saltar. Ficamos parados alguns segundos antes de tomar a decisão.

O João Bosco, como era maior, mais esperto e corria mais, não teve dúvidas, saiu disparado, voltando em direção à ponte. Não tive o mesmo reflexo, fiquei parado por mais alguns segundos. De repente, senti um solavanco nas costas e uma dor sufocante por todo o meu corpo. Meus pés fugiram do chão e decolei num voo por sobre a cerca de arame. A vaca havia me acertado uma cabeçada nas costas. Por sorte, os seus chifres passaram debaixo dos meus braços, sem atingir partes de meu corpo.

Ao cair de bruços no meio do brejo, do outro lado da cerca, pensei que minha agonia já havia terminado, quando senti novamente uma pressão imensa nas costas. Era a vaca de novo, que, ao me atirar pelo barranco, saltou junto, caindo com o seu corpo sobre o meu. Pensei: agora não tem jeito, a vaca vai se levantar e acabar comigo.

Não sei se pela gritaria do Zé Lopinho ou pelo susto, a vaca levantou-se de cima do meu corpo e saiu em disparada pela margem do rio.

Permaneci deitado e imóvel por alguns segundos, achando que havia quebrado uma meia dúzia de ossos e que alguma parte do meu corpo estava perfurada pelos chifres da vaca. Felizmente, nada de grave aconteceu, apenas alguns arranhões e o corpo dolorido.

O Zé Lopinho, depois que se recuperou do susto e viu que nada de pior havia acontecido comigo, gritou, rindo e fazendo a maior algazarra:

— É moleque, você tem sorte! Parece um toureiro!

O apelido não pegou, mas o Zé Lopinho, mesmo depois de um bom tempo, sempre que me encontrava gritava:

— Toureiro, ô toureiro!

Posso até ter aumentado um pouquinho, mas juro que não é mentira!

O MAIOR CLÁSSICO DA TERRA

Flamengo e Vasco? Barcelona e Real Madri? Brasil e Argentina, na final da Copa do Mundo? Que nada! O maior clássico da terra foi Americano e Motorista. Desafio alguém a me contestar. Esse clássico do futebol mundial era tão importante que, no tempo em que os dois times existiam junto comigo, não me lembro de ter assistido mais do que umas seis partidas entre eles. Eles se respeitavam tanto que até evitavam jogar um contra o outro.

No domingo, dia desse raro acontecimento, que era maior até que a festa de maio, a cidade amanhecia em uma catarse louca de emoções. Assim que a missa terminava, lá pelas 8h, as pessoas desciam para se juntarem na pracinha perto da farmácia do seu Cruz, ou no bar do seu Carlindo, logo à subida da ladeira. A conversa girava em torno da expectativa do jogo.

Quando a difusora calçadense, na voz do nosso maior locutor, Jair Melo, anunciava a grande peleja, convidando a todos para assistirem ao clássico que começaria às 13h, com a partida entre os aspirantes, e às 15h com os titulares, eu chegava a me arrepiar de emoção. Almoçava às 11h30 e às 12h30 já estava encostado à cerca de arame que protegia o campo, quando era no estádio do Americano, ou à cerca de madeira, quando era no campo do carrapato, o Motorista. Já sabem por quem eu torcia, né?

O árbitro do jogo vinha de fora, nenhum juiz da cidade era isento de apitar o jogo. Só para vocês terem uma ideia de como era a rivalidade, para buscar o árbitro em Bom Jesus, em Apiacá, ou em outra cidade da região, tinham que ir dois representantes: um do Americano e o outro do Motorista, no mesmo táxi, provavelmente o fordeco do França.

Lembro-me de que o representante do Carrapato era sempre o Osvaldo Malheiros e do grande Americano, acho que era o Carioca. Até para almoçar, o árbitro era acompanhado pelos representantes do time e tratado com toda reverência. Mas, assim que entrava em campo e passava perto da torcida do Motorista, o Osvaldo gritava lá do alambrado: "Juiz ladrão filho da puta! Ladrão safado!". Esse era o clima.

A torcida do Americano era maior e os seus torcedores mais calmos, não xingavam muito. Lembro-me de dois grandes torcedores do Americano, o Carlos Barroso e o Afrânio Barroso, sempre juntos, torcendo com a maior educação, e quando o time perdia, era visível o sofrimento deles. Já do lado do Motorista, era o irmão Juquita Barroso, um dos poucos da família que torciam pelo Carrapato, um homem educado e cordial, mas que, durante o jogo, se transformava, chutava o alambrado e xingava todos os nomes feios deste mundo.

Os gramados dos dois estádios eram bem diferentes: o do Americano tinha um gramado muito bom, bem verdinho, pois ficava numa região de um brejo aterrado. Quando um adversário queria chatear um torcedor do Americano, era só dizer que o campo era cheio de sapo, uma ofensa que, às vezes, até causava briga. O campo do Motorista ficava no alto de um morro, uma região muito seca, e a grama não nascia bem; o que nascia mesmo era vassoura e, para piorar, cheia de carrapatos.

Certa vez, uma prima adolescente e torcedora do Motorista foi ao estádio para assistir a um jogo entre Americano e Motorista. Subiu o morro do querosene, desviando-se dos buracos deixados pela enxurrada, chegou ao estádio já cansada, pois não era fácil aquele morro. Assim que viu o campo, comentou com a amiga: "Nossa, que campo pelado!". A resposta de uma torcedora indignada veio de imediata: "O pelado está é debaixo da sua saia, sua piranha!". Era assim o clima do jogo.

Sobre os jogos e os ídolos dos clubes falo em outra oportunidade. Nós, que vivemos esse tempo temos, em nossa memória, essas lembranças, que ajudam a construir a história e a identidade da nossa gente calçadense.

Não sei se é assim com vocês... Mas esse saudosismo faz um bem danado, acolhe-me a alma!

OS MEUS ÍDOLOS NÃO MORREM...

Sou apaixonado por futebol, não tanto pelo esporte, mas pelos meus times: O Americano e o Vasco.

O meu querido Americano Atlético Cube infelizmente não existe mais, ficou lá no passado, nas minhas memórias de São José do Calçado, mas ainda continuo apaixonado por ele. O Vasco, que espero, não tenha o mesmo destino, continua sendo a razão pela qual assisto ao jogo de futebol. Só para terem uma ideia: se jogarem, na mesma hora, Vasco x Portuguesa e Brasil x Argentina, vou assistir ao jogo do Vasco, tamanha é a minha insanidade.

Todo torcedor de futebol tem ídolo, para uns o Garrincha, para outros o Pelé, e assim vai... é claro que o meu não poderia ser outro, o Roberto Dinamite. Apesar das "cagadas" que fez como presidente do Vasco continua sendo o meu ídolo. Mas o segundo ídolo.

O primeiro foi, e continua sendo, o Enoclides, o melhor jogador que o Americano já teve.

Lembro-me de quando o Americano tinha um timaço, em que ele e o Orcino, eram a dupla de atacantes. Podiam vir os times de Rosal, Boa Vista de Apiacá, Usina Santa Maria, Usina Santa Izabel e até mesmo o temível Olímpico de Bom Jesus, que a gente ganhava. Vocês acham que estou esquecendo? Não estou não! É claro que também o nosso maior rival, o Motorista carrapato. Como era bom ganhar do Motorista!

O Enoclides foi um "centrefor" rompedor de área, fazia gol de todo jeito: de cabeça, driblando e entrando na área e, principalmente, chutando de fora da área, tinha um chute que era o terror dos goleiros da região. Certa vez, fizeram uma sacanagem com ele, colocaram um tijolo dentro de uma bola de couro e ele, sem saber, chutou a bola com tijolo e tudo. Quase ficou inutilizado para o futebol.

Outra grande virtude do meu ídolo é que nunca vestiu a camisa do Motorista. Dizem que uma vez foi tentado a jogar no carrapato, mas seu pai, o velho Jair Barroso, já muito adoentado, não deixou de jeito nenhum, o que fez muito bem!

O meu contato pessoal com o ídolo deu-se quando tentei jogar futebol. Fui treinar no infantil do Americano, e ele era o treinador, toda vez que escutava suas instruções ficava deslumbrado diante do ídolo.

Minha carreira de jogador de futebol não passou de um ano, era ruim de bola de dar dó. Desisti logo da profissão e me dedique a ser torcedor.

O Enoclides chegou a jogar como profissional no Ordem e Progresso, time de Bom Jesus do Norte que disputava o campeonato capixaba, mas não deu continuidade à carreira, pois enfrentava sérios problemas com o alcoolismo.

Veio para Vitória trabalhar, lutou muito contra a doença até conseguir vencê-la, mas as sequelas levaram sua vida precocemente.

A última vez que estive com ele foi quando criei o site "O Broinha", que movimentou Calçado durante certo tempo. No site havia um espaço de entrevistas e fiz questão que fosse o meu primeiro entrevistado.

Durante a entrevista ele ficou todo acanhado frente ao gravador e as minhas perguntas, me achando uma pessoa importante. Mas, mal sabia ele, que quem estava tremendo de emoção era eu, por rever o meu grande ídolo do futebol.

Os meus ídolos não são feitos de carne e osso, mas de emoções. Portanto, não morrem! Obrigado Enoclides.

PÃO COM PRESUNTO

Na Calçado dos anos 1960 e 1970, comer presunto era coisa muito rara, provavelmente só as famílias mais "chiques" da cidade é que esporadicamente utilizavam essa iguaria nos lanches de domingo. Lá em casa, esse tipo de comida só aparecia nas propagandas das revistas, e o normal era se virar com o popular pão com salame.

Tendo vindo para a capital estudar e trabalhar, o desejo de comer sanduíches de presunto e outras iguarias aumentou. Eu ficava com água na boca só de ver aquelas guloseimas nas vitrinas das padarias e confeitarias espalhadas pelas ruas ao redor do Parque Moscoso. Como a grana era curta e não se podia gastar dinheiro com esse tipo de extravagância, o jeito era visitar, aos fins de semana e em horários estratégicos, alguns parentes. Em geral, os escolhidos eram o senhor Walter Mendonça, o tio Pedro Vieira e a prima Marília Rezende, filha do tio Pedro Rezende, irmão do meu pai.

A estratégia sempre dava certo. A cada fim de semana, minhas irmãs, que também estudavam na capital, e eu, fazíamos uma visita a um parente diferente, para que não desconfiassem de que o interesse das visitas se dava mais pelo lanche do que pelos laços sanguíneos.

Na casa do tio Pedro Vieira as coisas eram mais complicadas. Apesar da informalidade, alegria e simplicidade do velhinho, a sua esposa, Dona Mercês Garcia Vieira, era uma mulher muito fina e educada. Sentar à mesa para lanchar com o casal era uma verdadeira tortura para mim. Sentia-me tão constrangido, que acabava não me entendendo bem com os talheres. Resquício da "jequice" trazida da Fazenda Velha. Uma indagação que eu sempre fazia era por que na casa de "rico" se comia tão pouco? Saía de lá com mais fome ainda, pois, com aquela quantidade de comida, nem as lombrigas se alimentavam.

Já na casa do senhor Walter Mendonça sentia-me mais à vontade. Os filhos do senhor Walter e Dona Sofia eram mais ou menos da nossa geração, o que tornava as coisas mais simples. Eu lanchava sem muitas preocupações com a etiqueta, apenas ficava atento para não exagerar muito e provocar em Dona Sofia a reação de não mais nos convidar para lanches futuros.

Mas o bom mesmo era o lanche na casa da prima Marília. Além de ser uma pessoa muito alegre e simpática, a mesa de lanches em sua casa era de uma fartura que parecia aqueles jantares dos filmes sobre o Império Romano. Havia de tudo na mesa: frutas, pães, presuntos, queijos diversos, salgadinhos...

Toda vez que visitávamos a casa da Marília, eu me vestia de forma adequada para a ocasião. Uma calça de tergal, com enormes bolsos que iam quase aos joelhos, e uma camiseta de malha debaixo de um velho paletó *jeans*, com dois bolsos internos. A roupa era perfeita para a ocasião.

Conversa vai, conversa vem, uma risada daqui outra dali, um pãozinho com presunto aqui, um salgadinho ali, e eu comendo, comendo até não aguentar mais. Assim era o clima na casa da Marília.

Terminado o lanche, todos se levantavam da mesa e caminhavam para uma varanda contígua, dando continuidade à animada conversa. Esse era o momento em que eu agia. Dava uma olhada rápida para um lado e para o outro e, quando ninguém observava, fazia movimentos ágeis como os de um gato, catando várias fatias de presunto, de queijo, alguns salgadinhos e frutas, e distribuía tudo nos bolsos da calça e do paletó. Assim, o lanche da semana estava garantido.

A conversa fluía alegre até altas horas, e eu me mantinha de pé o tempo todo, para não amassar as iguarias que estavam nos bolsos da calça. Quando alguém me convidava para me sentar, respondia no maior cinismo que era por prazer que ficava em pé.

Ao retornarmos para casa, minhas irmãs sempre me davam a maior bronca. Diziam que aquela atitude era desonesta e um abuso com a boa-fé da prima. Todavia, na manhã seguinte, lá estavam elas, apreciando com prazer o resultado do roubo do dia anterior.

OS ÚLTIMOS ACORDES DO VERÃO

Mesmo que, no calendário, constasse que fevereiro era o fim do verão, o calor intenso da noite de sexta-feira anunciava a chegada do ônibus da Itapemirim. O céu avermelhado do amanhecer de sábado recebia o ônibus da empresa Brasil, estacionado em frente à casa da Dona Aída. Aos poucos, um sol quente e brilhante surgia por detrás das montanhas e se espalhava pelas ruas e ladeiras da cidade, aquecendo os corações dos calçadenses. Era sábado de carnaval!

Lá pelas 10 horas da manhã, a cidade escutava aqueles estalinhos característicos do início da transmissão da Difusora Calçadense, que, na voz do nosso maior locutor, o Jair Melo, anunciava, nos intervalos entre as tradicionais marchinhas do nosso carnaval, as atrações dos quatro bailes do Montanha Clube. Era visível a alegria na alma do nativo e do visitante, quando se encontravam pelas ruas e ladeiras da cidade.

Na tarde de sábado, a Zarife e seu estafe organizavam o salão do Montanha, enquanto os foliões se encontravam para os banhos no rio calçado. Os lugares preferidos eram a cachoeira da Fazenda Velha, o poço do Chicão e o bambuzal da casa da Dona Ivonilde. Esses banhos eram oportunidades para cortejos amorosos: reatar com os amores do carnaval passado ou vislumbrar novos amores. Uma maravilha!

Às 10 horas da noite, os primeiros acordes da Banda do Antônio de Sá Viana se espalhavam pela praça em frente ao Montanha Clube, e as emoções vindas das músicas penetravam suavemente em nossos ouvidos, contagiando o coração. Só quem viveu essa emoção consegue sentir o que estou falando.

Lá no salão, o calor do fim do verão se misturava com o calor humano... Os suores exalavam o cheiro da paixão. Sobre o reinado do nosso eterno Rei Momo, João Pimentel, os blocos da Solidão,

Chuva Suor e Cerveja, Bandeira Branca, Gaviões e as Charmosas desfilavam em meio à algazarra das torcidas apaixonadas.

A tia Quença, no salão, fantasiada com seu turbante e agarrada como confete nas cadeiras do tio Dante, habitava a nossa imaginação e inspirava a Dolores, com suas belas fantasias, rodeada por um Marcus, todo orgulhoso, babando diante da beleza de sua amada. A Nicinha, rodopiando em transe pela pista, olhava para os Céus totalmente embriagada pelas músicas dos dias de folia.

Eram quatro dias em que a cidade irradiava alegria e se iluminava pelo brilho das purpurinas nos corpos suados dos foliões. Mas a Quarta-Feira de Cinzas, por mais que não desejássemos, chegava. O anúncio do fim do carnaval vinha da banda dos Sá Viana, que saía do salão acompanhada pelos foliões, rodando a praça. Nos rostos, o que se via era um misto de tristeza pelo fim de mais um carnaval e de alegria pela expectativa de um novo fevereiro.

E, assim, a cidade anunciava os últimos acordes de verão, retornando à rotina de alegrias e tristezas...

OS ÔNIBUS

Quando a gente deixa um lugar, a nossa esperança é que, ao retornarmos, reencontremos lá tudo aquilo que deixamos, mas a realidade se impõe, o tempo passa, e o que ficou vive apenas em nossa memória. E é bom que seja assim, para que as novas folhas e frutos da existência continuem dando sentido à nossa vida.

Todo processo de desligamento se dá lentamente, quando novas raízes vão se fixando em outros lugares. Comigo aconteceu três vezes... Fixei raízes em Calçado, Viçosa e, hoje, em Vitória. Cada uma das cidades é minha companheira da vida. Calçado da primavera, Viçosa do verão e Vitória do outono.

Na minha primeira passagem por Vitória, o tempo foi muito curto, apenas um ano, e minhas raízes não alcançaram o solo arenoso da capital. Calçado ainda era o meu chão.

O ônibus da empresa Itapemirim dirigido pelo simpático Mazola, conduzia-me aos braços da terra. Saía de Vitória às cinco horas da tarde, chegando a Calçado, lá pelas 21h30.

Da janela do ônibus observava a paisagem com a sensação gostosa de felicidade misturada com ansiedade. A pedra do Frade e a Freira se apresentava, à janela do ônibus, como um quadro, com fundo de um céu avermelhado do entardecer salpicado de nuvens. Até as ruas de Cachoeiro de Itapemirim ficavam bonitas ao olhar de quem estava feliz por retorna à sua terra.

Na rodoviária de Alegre, aquela paradinha de dez minutos, para o motorista tomar um cafezinho, parecia uma eternidade para quem contava o tempo com a lentidão imposta pela ansiedade. Vinham, então, a rodoviária de Guaçuí, a fazenda do governador Chiquinho de Aguiar, as ruas mal iluminadas de Palmital, a fazenda do governador Cristiano Dias Lopes e, finalmente, a curva da fazenda do tio Abelardo, de onde se viam as primeiras luzes da cidade. A entrada triunfal se dava pela Rua 15, onde eu ficava.

O retorno normalmente era aos domingos, às 24h, embarcando, em Bom Jesus, no ônibus da Empresa Brasil, que fazia a linha de Juiz de Fora a Vitória. A sensação era de um cansaço físico que consumia as energias. Não olhava pela janela... Caía no sono, embalado pelos solavancos do ônibus da Brasil, sem nenhuma vontade de sonhar.

Esses dois ônibus foram companheiros de idas e vindas durante parte da minha adolescência: um carregava a alegria; o outro, a tristeza.

O PADRE NOSSO

Maître Corbeau, sur un arbre perché, tenait en son bec un fromage... E continua a fábula de Jean de La Fontaine, "O corvo e a raposa". Quem estudou francês com o padre Amando, no Colégio de Calçado, vai se lembrar dessa fábula, com certeza.

Padre Amando era um professor rabugento de dar gosto! Impunha a sua autoridade de professor pelo medo. Em suas aulas, era possível escutar o barulho de um mosquito voando. Se caísse um lápis ou uma borracha no chão, não podíamos tomar a iniciativa de pegar o objeto sem antes nos penitenciarmos pelo "crime" e pedir clemência por tal ato. Eu mesmo passei pelo dissabor de deixar cair uma borracha em suas aulas.

Viveu em Calçado desde os anos 1950, até que veio a falecer num acidente de carro, se não me engano, no fim dos anos 1980.

Em todas as cidades pequenas da época, os padres exerciam uma função muito importante nas comunidades: eram figuras que influenciavam a vida social, política e espiritual da cidade. Em Calçado, o padre Amando era uma figura de destaque, fazia o papel de guia espiritual, cuja função era apontar o que se podia fazer, ou não, na vida, segundo as leis de Deus. Alguns fingiam que seguiam as suas orientações, mas gostavam mesmo da vida mundana.

Aqueles que viveram em Calçado nesse período provavelmente tiveram a sua história de vida entrelaçada com o padre. Eu convivi com o padre Amando atuando em três papéis: o pescador, o professor e o pregador.

Particularmente, nunca fui muito "amigo" do padre. Na minha infância, ele era uma figura presente lá em casa, pois mamãe, além de ser colega de trabalho dele, era muito religiosa, o que a aproximava do padre. Papai já era mais distante dele, assim como eu, mas o tratava bem.

Lembro-me de que ele adorava pescar traíra. Nessa época, o rio que passava no fundo do quintal de nossa casa, na Fazenda Velha, era infestado de traíras. Ele me levava a tiracolo para ajudá-lo na pescaria. Saíamos no início da noite, hora em que os pernilongos esvoaçavam para a beirada do rio. As minhas tarefas eram carregar o embornal em que se colocavam os peixes e retirá-los do anzol quando fisgados. Além disso, era obrigado a ficar sentado atrás dele, na beira do rio, sem poder falar uma palavrinha que fosse, para não espantar os peixes, sendo picado por todos os pernilongos do mundo e cheirando a fumaça daquele cigarro "mata-ratos" e a inhaca que carregava, por não ser muito chegado a um banho. Aquelas pescarias eram um saco!

Como professor, como disse anteriormente, impunha respeito pelo medo. Nunca fui bom aluno em francês; não pela disciplina, mas pela postura do professor, sempre passava raspando. No quarto ano ginasial fiquei para segunda época, precisando tirar 10 na prova para passar, missão impossível para mim.

Já estava sentindo o gosto amargo da tragédia de uma reprovação, quando o colégio resolveu homenagear o padre no seu aniversário de ordenação. Sugeriram-me que declamasse uma poesia em francês na cerimônia. Foi o que fiz: decorei, com a ajuda da Alfredina, minha professor particular de francês, a fábula de La Faitaine, *Le Corbeau et le renoir*. No dia da sua homenagem, subi ao palco e declamei o texto. Foi o maior mico que paguei em minha vida, mas muito bem recompensado, pois ele me passou em francês, pois considerou aquela declamação como a nota da segunda época.

Como pregador, o padre foi quem me apresentou a Deus de modo formal, em sua casa, a igreja. Na minha opinião, ele não tinha muito traquejo na condução do seu rebanho. As suas missas eram celebradas de forma tradicional e as homilias não conquistavam meu coração, pois faziam acreditar em um Deus que punia e não em um Deus que libertava. Não foi o responsável por eu não ser religioso. Nos termos formais da religião, foi a forma como conduzi a minha vida que me levou às minhas escolhas religiosas.

Espero que entendam que não estou fazendo uma biografia do padre Amando. Não tenho conhecimentos suficientes sobre sua vida e não estou opinando a respeito de suas relações com a comunidade calçadense. Exponho uma forma particular de recordar-me de alguém que, durante algum tempo, fez parte da minha vida.

LUZ, CÂMERA E PÃO

Desde criança sou fascinado por cinema. Assistia aos velhos filmes em p&b no Cine São José, curtindo as emoções das imagens projetadas na tela e sonhando com os calorosos beijos das atrizes, principalmente o da famosa atriz espanhola Sarita Montiel, no filme *La violetera*, uma produção ítalo-espanhola de 1958.

Já com 15 anos, e em plena adolescência, eu começava a viver as emoções e os perigos que o rito de passagem para a fase adulta impunha aos jovens da época, causando preocupações aos meus pais em relação ao futuro. Papai, sentindo que, se continuasse em Calçado, poderia não dar boa coisa na vida, dizia:

— Calçado está ficando pequena para você. Bebedeira com amigos, jogo de sinuca e malandragem não vão levá-lo a lugar algum.

Decidiu, então, que deveria mandar-me para Vitória. Eu iria trabalhar durante o dia e estudar à noite, assim aprenderia a valorizar os estudos e o trabalho, dizia meu pai.

Muito contrariado, mas incapaz de contestar as ordens dele, vim para Vitória.

Na capital, morava em companhia de duas irmãs mais velhas e de uma prima, que, à época, cursavam faculdade.

Os conflitos tornaram-se inevitáveis. Além das dificuldades naturais em conviver com minhas irmãs mais velhas, era um adolescente muito sem capricho e com um chulé insuportável. Certa vez, uma das irmãs perdeu a paciência com a "catinga" que exalava dos meus pés e, numa crise histérica, avançou sobre mim, espalhando "polvilho antisséptico" por todo o meu corpo, enquanto, aos berros, me agredia com um velho chinelo Havaianas.

Era o início dos anos 1970. As grandes indústrias ainda não haviam se instalado no estado e Vitória era uma cidade pequena e provinciana. Seus habitantes viviam de forma tranquila, sem a violência que hoje tanto incomoda a cidade.

Aos domingos, o programa favorito dos moradores da capital era ir ao cinema após os cultos religiosos e a missa na Catedral Metropolitana.

Os cinemas de Vitória, em sua maioria, ficavam espalhados ao longo da Avenida Jerônimo Monteiro, iniciando com o Vitorinha, passando pelo luxuoso Cine Teatro Glória, com seu estilo neoclássico, e terminando no Cine Juparanã, que possuía vários lustres de cristal, proporcionando um belo visual noturno quando contrastado com a fraca iluminação da avenida.

Eu, apesar da saudade dos amigos e de um amor de adolescência que havia deixado em Calçado, até que não desgostava de Vitória, principalmente pelo fato de poder frequentar os cinemas. Eles eram modernos, luxuosos e passavam filmes novos, coloridos e em "cinemascope", tecnologias que não existiam no cine São José.

Antes de sair para assistir a um filme aos domingos, era a minha obrigação descer a Ladeira Santa Clara, no Parque Moscoso, onde morávamos, até a padaria, para comprar o pão para o lanche e o café da manhã seguinte. Muito preguiçoso, realizava essa tarefa com uma tremenda má vontade. Não entendia a lógica imposta pelas minhas irmãs.

Na minha concepção, era desperdício de tempo descer e subir a ladeira duas vezes. Ficava irritado com elas por nunca concordarem com o meu argumento de descer, comprar o pão, ir ao cinema e depois voltar para casa.

O Cine Teatro Glória, depois de ser fechado por um tempo para reforma, estava reabrindo com o lançamento do filme *O jovem rebelde*, a história do escritor espanhol Miguel de Cervantes.

Exatamente nesse dia, após muita discussão, eu resolvi contestar a ordem das minhas irmãs e levei a sacola de pão para o cinema.

A sala de espera do Glória tinha um piso retangular, de granito preto com mármore branco ao centro, e as paredes de vidro recebiam uma luz indireta, dando a impressão de amplidão no ambiente. Era muito bonita e bem decorada. Naquele domingo especial, por ser a reinauguração do cinema, o saguão estava lotado de mulheres e homens elegantes da sociedade capixaba que, ansiosos, aguardavam a abertura da sala de projeção.

Eu, sem a menor cerimônia, também estava lá, ao lado das irmãs e da prima, carregando a sacola de pão, o que destoava radicalmente daquele ambiente cheio de *glamour*.

As três moças, inconformadas e irritadas com a situação, repreendiam-me em voz baixa a todo o momento, por aquela atitude impensada de levar uma sacola de pão para um ambiente tão refinado como aquele e expondo-as ao ridículo.

Aquela falação chata das três foi me enchendo o saco, até que, em um determinado momento, senti-me possuído por uma raiva incontrolável. Levantei, bem acima dos meus 1,87 metros, a sacola de pão, para que todos os presentes a vissem. E aos gritos, dizia:

— Vocês sabem o que é isto? Isto é pão. Por acaso é proibido trazer pão para o cinema?

Repeti umas três vezes:

— Alguém pode me dizer se é proibido trazer pão para o cinema?

Todos os olhares se voltaram em nossa direção. Um silêncio momentâneo fez-se sentir no ambiente. Os presentes olharam rapidamente para aquela cena e, em seguida, retornaram às conversas, demonstrando que não haviam entendido o que acontecera.

As três, sem saber como reagir àquela situação inesperada, calaram-se e "calmamente" esperaram o início do filme.

A minha vingança foi maligna!

PARTE 3

~

O outono, o tempo da razão

~

AS CIDADES E AS SUAS ALMAS

Vez por outra surge uma moda nas redes sociais. Atualmente, é enumerar as cidades onde cada um viveu ou vive, mas sem dizer como a sua vida está ligada a essas cidades. Acredito que as cidades têm alma e cada um sente a sua alma naquilo que a cidade representa no seu caminhar.

Calçado para mim é uma alma infantil, a alma do cheiro de terra molhada depois da chuva, do gosto de manga, de frango com quiabo, do medo de assombração. Bacana é que o tempo passa e a cidade não envelhece, só consigo vê-la assim.

Quando ando por suas ladeiras e ruas, a cidade está de calça curta brincando de mocinho e bandido ou jogando pelada nos seus campinhos. Em algumas noites, as suas luzes esparsas mostram um vulto vestido de calça faroeste e camisa de *banlon*, com gumex no cabelo, caminhando para as brincadeiras no Montanha Clube. Da paixão? A alma da cidade ainda não entendia, apenas das ilusões.

Viçosa é uma cidade com uma arquitetura que não produziu um corpo de belas formas, pelo contrário, é feia de dar gosto. Mas é uma cidade de alma bela e forte, que irradia o saber e a virilidade. As suas ruas são como veias que alimentam as paixões, as irreverências, a indignação pelas injustiças sociais, a luta pelo sonho de um país melhor e as amizades daqueles que caminham na mesma direção.

O que dizer da alma dessa cidade? Só agradecer. Deu-me o conhecimento que me ajudou a caminhar pela vida e o seu clima frio me presenteou com o amor que aqueceu a minha alma.

Vitória é a cidade de alma generosa, que me abraçou de forma delicada e firme. O seu vento nordeste está embranquecendo os meus cabelos e o seu vento sul, de vez em quando, traz calafrios à minha alma. O bom é que ele é raro e o sol que ilumina a cidade se faz presente o ano todo.

Andando pelas suas belas ruas e avenidas fiz muitos amigos, consolidei amizades de infância que ficaram distantes por algum tempo e aprendi que a paciência e o silêncio nos ajudam a afastar-nos dos conflitos e olhá-los de longe, onde estão as soluções.

Quando o meu tempo findar, não sei qual cidade levará a minha alma, mas, se for Vitória, estarei feliz.

E vocês... quais são as almas das cidades de sua vida?

CALÇADO E SEUS ANJOS

Assisti, há algum tempo, ao filme *Amarcord*, de Feline. O tema musical é de Nino Rota, uma das mais belas canções que já escutei, a harmonia entre a música e o filme é perfeita.

A história retratada é a vida em uma cidade italiana habitada por diversos personagens comuns a todos nós que tivemos o privilégio de viver em uma pequena cidade.

Esse filme me remete à Calçado, que também é habitada por muitos personagens que considero fantásticos.

Hoje vou falar dos nossos anjos! Acredito que eles nos foram enviados pelo divino para que entendêssemos um pouco do significado da vida.

Quem não se lembra da Dona Maria Tatagiba andando pelas ruas "roubando" flores nos jardins? Caminhava sem destino, levando as flores para alguém que habitava apenas o seu coração puro de anjo. E do Paulinho? Que ainda está entre nós e que ficava sentado à porta da casa de suas tias, observando os carros que passavam: sabia o nome do proprietário, a placa, a marca e o ano de fabricação. O seu sorriso e a sua alegria só podiam pertencer a um anjo, que estava ali para que admirássemos a sua beleza.

Lelé, Zé Cobrinha, o Preto Velho Divino, cada um com seu jeito, enchiam a cidade de alegria. Mesmo que alguns não enxergassem neles a presença angelical e implicassem com o jeito de ser de cada um, tenho certeza de que estão presentes em suas lembranças.

E a Dona Maria, que foi batizada com o nome da Mãe de Jesus? Se alguém a chamasse pelo sobrenome Cascuda, ela xingaria o agressor com todos os xingamentos cabeludos que conhecia. Era também um anjo, veio para nos ensinar a importância do amor e do respeito àqueles que são especiais.

Não posso me esquecer do Vítor... Caminhava pela cidade com sua camisa de manga comprida, com sol ou com chuva, de braços dados com o amigo inseparável, o guarda-sol (chuva). A sua mente pura viajava pelo universo e sua figura ereta caminhava com a altivez que só os anjos têm.

Esses anjos foram tão importantes para a cidade quanto os seus políticos, professores, juízes e tantos outros. As obras que deixaram não podem ser medidas com a régua humana, mas com a divina. A humildade, a alegria e o desprendimento das coisas materiais foram alguns exemplos que nos deixaram.

Não sei como pensam os conterrâneos, mas guardo esses anjos, e outros que não citei, em minhas lembranças com muito carinho, pois me ensinaram um monte de sentimentos bons que carrego comigo. Obrigado aos meus queridos anjos. Vocês são muito especiais!

O BIOTÔNICO

O Zé Medina, José, como diz sua mãe, era conhecido, em sua infância lá em Calçado, por Biotônico.

Segundo consta, seus pais, preocupados com o seu físico franzino, resolveram lhe dar o famoso fortificante. Não é que o menino revigorou, e até demais, pois ficou gordinho de dar gosto. Hoje? Está em muito boa forma, pedala todos os dias.

Desde que me conheço, o Zé Medina e eu estamos ao lado um do outro. Às vezes, passamos mais de ano sem nos vermos, mas quando nos encontramos, é como se estivéssemos ainda na infância, a conversa flui e os "causos" vêm à tona.

Apesar dessa amizade sólida, passamos algum tempo "de mal", como dizíamos lá no interior.

A nossa desavença se deu por ele acusar meu pai de filão de cigarros, uma injustiça que escutou do próprio pai.

Afrânio, primo e muito amigo do meu pai, contava que toda vez que papai chegava à sua venda, enfiava os dois dedos no bolso da sua camisa e pinçava um cigarro do maço.

Certa vez, já incomodado com aquilo, Afrânio resolveu fazer um comentário com meu pai:

— Oscar, estou achando que você está fumando muito.

Papai de pronto respondeu:

— Mas eu não trago, Afrânio!

Afrânio replicou:

— Mas devia trazer.

Por essa história, ficamos sem conversar por mais de ano. Quando precisávamos nos comunicar, um terceiro resolvia o problema, que geralmente era o Tarcísio Delatorre, um amigo comum.

Voltamos a ficar "de bem" quando, num passeio de bote pelo rio Calçado, o chinelo dele caiu na água, e eu, num ato de heroísmo, me lancei ao rio e resgatei o chinelo. Ele, então, me agradeceu e voltamos a conversar.

Na nossa adolescência, continuamos a ser muito amigos. Lembro uma viagem que fizemos a Vitória para passear na casa das minhas irmãs e prima, Dodora, Dadá e Penha, que moravam perto da gruta da Onça, hoje ponto turístico de Vitória.

Naquela época, as meninas ainda não tinham muita prática na cozinha (continuam assim até hoje) e não sabiam como preparar um almoço com poucos recursos. Sempre ficava faltando alguma coisa para encher o estômago dos dois adolescentes.

O Zé, sempre muito sacana, resolveu preparar uma para minha irmã Dadá, preocupada com a escassez de alimentos para os dois adolescentes. No meio da noite, ele começou a gemer em voz alta:

— Dasgraça! Não estou passando bem, estou com alguma coisa na barriga. Acho que é nó nas tripas, deve ser por falta de comida.

Dadá, levando a brincadeira a sério, toda preocupada e vendo que não tinha nada de sustança para dar ao Zé, pediu-me que chamasse o Claudio Medina, seu irmão, que, na época, fazia o curso de Medicina. Talvez para dar um biotônico ao Biotônico.

Quando jovens, fomos estudar na UFV, em Viçosa; ele foi um ano antes e depois me levou.

Lá em Viçosa passamos por muitos momentos engraçados. Lembro que tínhamos um time de futebol de salão que jogava contra outros times, formados por alunos do alojamento da universidade.

O nosso time de Calçado tinha um reforço infiltrado, o Paulo "Pingote", de Alegre, que, além de ser amigo da turma, era bom de bola.

Certa vez, estávamos perdendo um jogo e o Zé, sempre muito ruim de bola, não conseguia dar prosseguimento às jogadas. O Paulo, educadamente, disse:

— Ô Zé, não dá para você sair um pouquinho até a gente empatar o jogo? Depois você volta!

E o Zé, soltando cobras e lagartos para cima do Paulo, saiu. Ganhamos o jogo.

Naquela época, todo fim de semana descíamos à cidade para tomar uns goles, e muitos "uns goles".

Numa dessas decidas, voltávamos de madrugada para a universidade, quando o Zé resolveu ir ao banheiro de um bar quase à entrada da UFV. O banheiro ficava no fundo do bar, perto da cozinha. Ao chegar lá, viu uma bela linguiça, de mais de um metro, pendurada num pau perto da entrada do banheiro. Olhou para um lado, olhou para o outro e, quando ninguém o observava, passou a mão na linguiça e levou para dentro do banheiro. Por favor, não façam dupla interpretação!

A dúvida agora era como sair do banheiro com a linguiça. Pensou e não titubeou: tirou o paletó e a camisa, enrolou a linguiça na barriga e fazendo todo o movimento de volta, saiu calmamente do bar.

Aquela linguiça foi consumida por uma semana nos nossos lanches noturnos, fritada no ferro de passar roupa, se não estou enganado.

Num outro dia, ele subia sozinho a reta da universidade numa daquelas madrugas frias de lascar, quando viu uma moça, já bem crescidinha, caminhando à sua frente. Com as faculdades mentais prejudicadas pelo excesso de álcool, resolveu fazer um galanteio à moça, convidando-a para um programa, usando aquela frase bem chula. A moça, olhou para trás e não vacilou na sua resposta:

— Vamos.

O que aconteceu depois?... Não me lembro! Fui traído pela memória.

O Zé Medina é aquela pessoa que encontrei pela vida e só me fez bem, um amigo com quem tenho muito prazer de estar. Nas vezes em que nos encontramos, gostamos de filosofar sobre a vida.

Depois de anos por Minas, resolveu voltar à terra e hoje mora em Vitória. Tem um neto e um filho, do qual tenho o maior prazer de ser padrinho.

Abraços, meu amigo, que Deus continue a iluminar o seu caminho!

OS BARTELS

O sujeito quando casa, casa com a mulher, com a sogra, com o sogro, com as irmãs e até com os cunhados.

Casei com os Bartels, uma família que tem, em seu mapa genético, um "genezinho" da teimosia bem teimoso. Só para se ter uma ideia, é quase impossível convencê-los de que estão enganados. Tem um deles, cujo apelido é Google, sabe qualquer coisa que você perguntar.

Como são muitas mulheres na família – seis –, a única maneira que os cunhados conseguiram para se defenderem foi a criação da Associação dos cunhados (Assocu). Essa Associação tem, em seu artigo primeiro, a proibição de pedir dinheiro emprestado, artigo criado por um dos cunhados, o Lauro, em causa própria, pois é o mais abastado.

De todos os Bartels com os quais me casei, gostaria de falar de um em especial: o meu sogro Alberto Bartels, Betinho, para a família.

Betinho é o atleticano mais apaixonado que existe em todo o mundo, tem tatuado no braço o escudo do galo e é considerado um torcedor símbolo do Atlético. Muitas vezes, assistindo a jogo com ele, eu o "traía", fingindo que estava torcendo pelo galo, mas, no fundo, torcia contra. Em Minas, eu torço pelo juiz.

Betinho é um homem extraordinário. É o norte da família, é incapaz de negar a mão a qualquer um que esteja em apuros. Sem pedir nada em troca, faz pelo amor que carrega dentro si.

Lembro quando um dos seus filhos sofreu um acidente de cavalo e teve um sério problema na coluna. A sua dedicação e amor ao filho foram algo que me comoveu. Não esquece um aniversário, não falta a uma festa comemorativa de algum membro da família. Se bem que, nesse caso, junta "a fome com a vontade de comer", pois não conheço ninguém que goste de uma festa mais do que ele, principalmente se for regada a cachaça e cerveja. Tem uma coleção de cachaça de fazer inveja e é uma das cobiças da sua herança.

O que mais admiro nele é o amor à vida. Hoje, um homem de 81 anos e maltratado por um Parkinson, não é capaz de levantar a voz e, acredito, até mesmo o pensamento, para reclamar contra o destino que o deixou assim. Pelo contrário, continua transmitindo vitalidade espiritual e garra para os que estão ao seu redor. Adora cantar, é um seresteiro dos bons. Até comete algumas peraltices para tentar saciar o seu insaciável desejo de cantar. Certa vez, dirigiu escondido dos filhos por mais de 800 km, de Londrina no Paraná, a Patrocínio, em Minas Gerais, para encontrar a sua turma de seresta. Ainda bem que Deus acompanha os sem juízo!

Esse é o Betinho! Veio à vida para viver e não apenas para contemplá-la. Que o seu exemplo continue a iluminar o caminho de nossa família!

PIULA

Algumas vezes, conterrâneos calçadenses, em suas lembranças dos tempos de juventude, em São José do Calçado, uma pequena cidade do sul capixaba, escrevem textos deliciosos que nos remetem à lembrança de uma época em que vivíamos cheios de sonhos e de atitudes irreverentes, as quais eram comuns aos jovens dos anos 1960 e 1970, quando ainda não existia esse mundo virtual paralelo que hoje vivemos nas redes sociais, com suas contradições de modernidade e de atraso.

Um dos personagens dessa época que sempre está presente nos textos é o Piula. Ele era a alegria de muitos jovens, pois a sua forma de se relacionar com a vida escrachava todos os preconceitos e o tornava uma companhia inseparável nas farras, tão comuns aos jovens da época. Nessas farras, aparentemente tão alegres, por vezes a sua dignidade foi agredida, por ele mesmo ou por aqueles que estavam em torno.

Eu, como jovem que viveu nesses tempos, não gostava de participar daqueles momentos tão marcantes para vários amigos, pois a irreverência do Piula, que, para alguns, era diversão, muitas vezes custou a sua humilhação e doía na minha alma, por uma razão de sangue: ele era meu irmão.

Hoje resolvi falar dele, do Piula (para a família, Paulinho), que tem um apelido singelo, mas de um significado que, para mim, se traduz em humildade. Tudo de grande que existe na alma de um homem está no Piula. Ele é desprendido de qualquer bem material, a não ser um velho rádio em que escuta os jogos do Flamengo, a única droga que não se desligou de sua vida.

Hoje, meu irmão vive trabalhando de forma voluntária em um asilo e curtindo a vida com os seus. Sempre que temos a oportunidade de nos reunirmos em família e ele chega, vêm, juntas, a paz e a harmonia que carrega dentro de si.

BARBARA BÁRBARA!

Quem disse que homem não pare? Pare sim!

A gestação começou quando você nasceu. E olhe que não foi tão fácil assim, pois era muito grande e deu um trabalho danado para mãe. Quando abriu aqueles imensos olhos azuis, não houve quem não se encantasse.

O início da gravidez foi tranquilo, nem enjoos nem desejos que não fossem possíveis de realizar. Foram grandes momentos de harmonia e de cumplicidade. Um, em especial, foi aquele em que o Vasco, com um grande time, virou o jogo em que perdia de 3 a 0 para o Palmeiras, na final da Copa Mercosul. Éramos duas crianças gritando doidamente na varanda, às 11 horas da noite, sem nenhuma censura.

Medo de abortar foram muitos, pois a vida é assim, vem um sopro e leva tudo. Lembro-me especialmente de dois: uma vez, em Manguinhos, quando vi os seus braços se agitando e você sendo levada por uma corrente forte num dia de mar revolto. Corri no desespero de quem não vai chegar, quando as mãos de um rapaz, um anjo da guarda, de cujo nome e rosto não me lembro, devolveu-me você. A outra vez, quando lá pelos 13 anos de gravidez, você chegou desfalecida ao hospital, depois de uma crise causada por um angioma, nas mãos de dois homens e uma mulher, professores do Salesiano. Só consegui respirar quando o primo e amigo Claudio Medina apareceu para me tranquilizar.

Os enjoos vieram no meio da gravidez. E quantos enjoos! Eram problemas na escola, brigas com a mãe... O máximo foi aquele enjoo quando disse que iria dormir na casa de uma amiga, mas, na realidade, foi para uma Rave. O intrigante em uma gravidez é o tal do sexto sentido. Não é que descobri!

A parte final da gravidez foi de curtição e harmonia. Muitas conversas sobre os gostos parecidos que temos: o da leitura e dos filmes franceses e argentinos, em especial. Ainda não me acostumei a ir ao cinema sozinho, mas vou tentando. Também trocamos muito das nossas alegrias e angústias, pessoais e ideológicas.

Você foi ganhando maturidade, bom senso, postura ética e também um pouquinho da teimosia "barteniana" (para quem não sabe: os Bartels têm, em seu mapa genético, um "genezinho" da teimosia bem teimoso).

O parto foi natural, doeu só um pouquinho. Nasceu no dia em que deu as mãos aos seus sonhos e foi embora.

O máximo que essa gravidez me trouxe foi o que você me ensinou. Tenho certeza de que você nunca vai ouvir alguém gritando por aí: "Quem foi o puto que te pariu?".

EMOÇÃO E RAZÃO

Tenho dois filhos e uma filha. Os dois filhos são separados pelo tempo por um ano e pouco mais de um mês, são quase gêmeos. Um se chama Emoção e o outro Razão. Quem os conhece sabe quem é quem.

Emoção, ao nascer, veio com uma velocidade danada, quase não deu tempo de chegar ao hospital. A mãe nem preparou a malinha de coisas, nasceu com uns dez dias de antecedência. Veio ao mundo chorando muito, dizendo a todos, e em voz alta, "Estou aqui!". Continua assim até hoje, nunca chega em silêncio, sua presença é sempre notada.

Razão veio ao mundo lentamente, levou mais de 12 horas no trabalho de parto. Nasceu sem muito estardalhaço. Conseguia ficar no berço por horas, divertindo-se com aqueles penduricalhos, sem cobrar a presença de ninguém.

Emoção e Razão muito me educaram pela vida, cada um me ensinou um sentimento nobre: Emoção dava pernada para todo lado, exigindo amor e compreensão, que, algumas vezes, não fui capaz de suprir por limitações humanas. Mas foi quem me ensinou a entender um pouco mais da vida e exercitar um dos sentimentos que considero um norte: a paciência. Razão, por outro lado, nunca exigiu nada, a sua presença nem sempre era percebida e, quando se tratava de questões emocionais, não pedia nada, só queria algumas bugigangas para brincar. Ajudou-me a entender a importância do silêncio nas horas de conflito.

Quando eram crianças, a mãe comprava roupa para os dois... Dava a do Razão para o Emoção e a do Emoção para o Razão, pois nunca o Emoção queria o seu. No final, porém, dava tudo certo.

Comigo também aconteceu. Comprei duas sapatilhas iguaizinhas para os dois, mas o pé de um era maior que o do outro, o que me obrigou a comprar números diferentes. Quando entreguei a sapatilha aos dois, Emoção olhou para a do Razão e viu que, aparentemente, não eram diferentes, mas ficou desconfiado. Pegou a sapatilha do irmão, olhou e mediu com a sua. Quando viu que a do irmão era maior, arrumou o maior banzé, o que me fez gastar muitas lábias para convencê-lo.

Na adolescência, cada um ao seu jeito, aprendeu, com "dor" natural, a preparação para a saída do ninho. Tivemos conflitos, brigamos, fomos irracionais, mas sempre nos entendemos.

Emoção sempre cobrou que fosse um pai amigo, coisa que nunca consegui ser, fui só pai. Ele disse que quer ser amigo dos filhos, e eu respondi: "Vamos esperar para ver". Razão nunca me cobrou nada como pai, mas, em certa medida, era o pai que eu gostaria de ser.

Os pequenos casos do cotidiano e o paralelo entre os sentimentos razão e emoção explicam um pouco quem são os meus filhos. Esses sentimentos se complementam, assim como eles me complementam como pai.

O meu desejo como pai, que agora só contempla, é que continuem as suas caminhadas pela vida em busca da sabedoria.

AS MINHAS NÁDIAS

Já falei aqui que tenho uma relação muito boa com as mulheres, que são presença marcante em minha vida. Hoje vou falar de uma das minhas Nádias. A primeira, a minha mãe, a Nádia meiga, que parecia frágil naquele seu corpo magro e esguio. Era uma mulher forte, não se rendia aos infortúnios da vida e tinha uma valentia de admirar.

A outra Nádia de quem falo hoje veio ao mundo quando eu tinha apenas 10 anos, foi quase uma irmã mais nova. Herdou da avó a valentia e o gosto pelas letras, mas não parecia frágil; pelo contrário, era uma mulher que expressava a coragem. Assumiu naturalmente o papel de matriarca da família, desbancando a mãe, o pai, os avós... Qualquer que fosse a demanda prática da vida familiar, era ela quem tomava a frente, desde a simples construção de um túmulo para abrigar os avós até as demandas jurídicas e econômicas da família. E ai de quem não atendesse às suas ordens!

Lembro-me, uma vez, de quando tinha o Broinha, que respondia a um processo. Ela não me deixou tomar conhecimento do caso nem me deu satisfação do que fazia. Quando foi necessária a minha presença perante o juiz, ordenou-me que ficasse em silêncio. No fim do processo, simplesmente me comunicou que ganhamos a causa, sem mais explicações. Chamava-me de tio Caise, apenas por formalidades; porém, na sua presença, eu não era tio, era súdito.

Mas os mistérios da vida nos surpreendem e a nossa guerreira foi consumida precocemente pela doença. Lutou bravamente, como convém àqueles que amam a vida e, em nenhum momento, deixou abater-se pelo destino. Falava claramente para gente: "Eu não me pertenço, e sim ao meu destino". No dia em que fui me despedir dela e vi o seu corpo frágil, estendido numa cama de hospital, com a expressão resignada de quem não tem mais como lutar, disse ao seu ouvido que encontrasse a sua paz e fosse embora, mas que continuaria viva na memória da família, pois a sua história seria contada para as gerações futuras.

    Quando se tratava de música e cinema, os seus gostos eram de uma meiguice só! Derretia-se toda com a beleza das artes, contrastando com aquela aparência de mulher prática e forte. Tenho coleções de músicas maravilhosas que ela gravou para mim e sempre que as ouço, sentindo a sua presença ao meu lado. Um dia desses estava viajando, sozinho, de carro, e escutando aquelas músicas, quando senti a sua presença nos acordes musicais que suavemente confortavam meus ouvidos.

    Deixo aqui, nestes escritos reduzidos, uma homenagem do tio que sempre admirou essa nossa guerreira. Que as minhas Nádias continuem a iluminar os caminhos da família!

OS PECADOS DE CADA UM

Vou confessar a vocês: carrego nas costas um saco de pecados. Tenho o maior medo do Juízo Final. De Deus apontar para mim o seu imenso dedo e me indicar o caminho do quinto dos infernos.

Tenho pecados para todos os gostos: pecados inocentes, pecados cabeludos e pecados nojentos.

Vou começar pelos pecados inocentes. Digo inocentes, e até mesmo libertadores, pois foram cometidos para me defender da "sorte" de ter convivido com cinco irmãs.

Quando criança e adolescente tinha o hábito de pegar aquelas pererequinhas que gostam de se esconder em banheiros e colocar dentro de uma caixa de fósforo. Deixava a caixa em um lugar bem estratégico e ficava na espreita, para assistir ao susto da primeira irmã que fosse utilizar o fósforo. Era muito bom ver a cara de espanto dela!

Outro pecado inocente que cometia com as irmãs, já na adolescência, era colocar sal no cafezinho dos namorados que aceitassem a oferta. Elas me pediam que buscasse o cafezinho para o distinto cavaleiro, e eu, na maior inocência, ao invés de colocar açúcar, colocava sal. Ver a cara do jovem, que não podia desagradar a namorada, tomando o cafezinho e dizendo que estava ótimo, não tinha preço.

Agora, os pecados cabeludos é que são sérios! Pregar mentira era um dos piores, pois está nos Dez Mandamentos como pecado mortal.

Na adolescência, éramos obrigados a confessar com o "padre Amando". Todo mundo que o conheceu lembra de sua "delicadeza" com os fiéis. Pois é, o meu pecado mortal era mentir, e ainda mais para o padre. Os pecados que contava eram aqueles tradicionais: fiz malcriação para os pais, desobedeci aos mais velhos, não estudei... mas o pecado mortal de fazer "bobagens manuais", esse eu não contava de jeito nenhum. Quando ele perguntava, eu respondia com uma convicção divina: "Não!".

Já os pecados nojentos, eles me acompanham até hoje.

Quando criança, lá na Fazenda Velha, um dos pecados que cometia era com meu irmãozinho de três anos de idade. Eu corria pelo quintal jogando bola, brincando de pique e outras brincadeiras. Ficava suado de dar gosto! Até descia, no pescoço, um caldinho preto de poeira misturado com o suor. Imaginem, então, no fiofó? Pois era daí que vinha o pecado... Coçava aquele fiofó suado e mal limpo e mandava o pobre do irmãozinho cheirar meu dedo. Vocês precisavam ver a carinha dele... Era de dar dó.

O próximo, e último pecado, tenho até vergonha de contar, pois o cometi recentemente.

Estava eu na livraria Saraiva, no Shopping Vitória. Ao sair, senti uma coceirinha enjoada no nariz. Quando assoprei forte e cocei, saiu-me uma meleca gigante pregada nos dedos. Por favor, não me venham com frescura não, pois todos vocês tiram meleca. Já assisti muita gente chique distraída tirando meleca dentro do carro parado no sinal.

Voltando ao caso. O que fazer com aquele "melecão" nos dedos? Aí me veio a ideia: colocar a sujeira no corrimão da escada rolante e ficar sentado, lá embaixo, esperando para assistir qual seria a reação do primeiro que limpasse a meleca com as próprias mãos.

Foi isso que fiz. Será que é pecado?

A MORTE

Um dos assuntos da vida sobre o qual o homem geralmente não gosta de falar é a morte, principalmente da própria morte. Busca, na fé e na religião, um antídoto para esse infortúnio que parece ser a morte.

Eu não consegui ser seduzido por nenhuma religião e, às vezes, tenho dúvidas da minha fé. Não por soberba, pois há certas questões da vida que chegam a nós por caminhos que nem nós mesmos sabíamos que existiam. O Deus de cada um está nas escolhas que faz e nos caminhos que a vida lhe proporciona. O meu Deus está para lá do infinito, onde a minha capacidade de raciocínio não alcança. Para mim, a vida e a morte são mistérios.

Hoje, o meu amigo Tarcisio Thiebaut, amante da matemática e da estatística, sem avisar a ninguém deu um salto, ultrapassou o *gugolplex* (limita todas as quantidades do universo, nada é mais do que ele) e foi encontrar-se com Deus lá no infinito.

Pelo que conheço do Tarcísio, deve estar reclamando com Deus das sacanagens que estão fazendo aqui no Brasil: com o seu Botafogo, o fascismo e a perseguição às ideologias mais à esquerda em que acreditava e professava.

Em Calçado, na minha infância e adolescência, não tive muita convivência com ele, pois era de uma geração acima, a não ser uma ou outra carona que me dava na rural do seu pai a caminho da Fazenda Velha.

Quando fui estudar em Viçosa é que tive o prazer de conviver com ele. Além de ter sido meu professor de estatística na graduação e no doutorado – tinha um quadro escrito com o maior capricho e uma letra bonita e legível de fazer inveja –, era presença constante nas reuniões dos calçadenses que estudavam em Viçosa. Bom de conversa, simpático e um contador de "causos" como ninguém. Estar com ele era um prazer.

Pois é! Hoje ele resolveu nos fazer essa surpresa: de não mais nos contar os seus "causos", pelo menos por enquanto. Abraços, Thiebaut...

A ÁRVORE DA MINHA VIDA

Recentemente, comemoramos o segundo encontro da família do meu avô Enes Teixeira. Aproveitei a oportunidade para desenhar, com base nas parcas lembranças que tenho do meu avô, os galhos da árvore da minha vida para guardá-la na Arca de Memórias.

Vovô Enes era um homem bonito de dar gosto! Tinha olhos azuis brilhantes e uma estatura longilínea que lhe dava um ar garboso. Era um homem enérgico e de grandes habilidades com as ferramentas. Segundo minha mãe, a sua fazenda, a Boa Esperança, lá no Jacá, era de um capricho primoroso. Mas foi nas paixões que escondeu os seus maiores encantos. Casou três vezes e acalentou, com o amor, o coração das mulheres da sua vida.

Lembro-me de quando faleceu: os primos Boni e João Bosco e eu éramos muito pequenos à época para entendermos o significado da morte. Ficamos sentados no muro de sua casa, ao lado da cadeia e perto da igreja, observando o movimento das pessoas no velório. Sentíamo-nos importantes por receber os pêsames, mas aborrecidos por não conseguirmos chorar. Se a minha memória não me falha, o João Bosco até chorou, mas devido a uma sacanagem minha e do Boni, que sujamos o seu sapato novo.

Vovô Enes teve 12 filhos, um dos quais morreu quando criança, e deixou a marca da sua personalidade em cada um deles. A mais velha, Maria da Conceição, a nossa tia Filhota, era uma mulher forte e enérgica, às vezes até meio brava, mas de uma doçura interior inigualável. Costurava, fazia tricô como ninguém e o melhor biscoito de polvilho do mundo. Não tem um sobrinho que não guarde uma peça de roupa de tricô feita por ela. Eu mesmo tenho duas blusas.

A Cândida, a tia Bisica, morava na fazenda dos Pirineus. Era uma mulher muito doce e enfrentava os desafios da vida com muita fé e humildade. Conversar com ela era um prazer, contava casos e transmitia uma paz confortante naquela sua voz baixinha e meiga. O

João do Enes, o meu tio Joãozinho, foi o tio com quem mais convivi na infância. A Fazenda do Limoeiro era vizinha da Fazenda Velha e a sua presença lá em casa era constante. Gostava de levar a criançada para tomar banho de rio no inverno, e bem de manhãzinha, quando ainda saía fumaça da água... Uma tortura! Além de irmão, foi um grande amigo de minha mãe. Um homem sério e de poucas palavras, mas como padrinho me tratava com muito carinho. Fiz vários passeios no seu fordeco, indo e voltando da sua fazenda, em Calheiros. Como fazendeiro, era muito caprichoso com as suas propriedades. Acredito que foi quem mais carregou a presença do pai.

A Nádia, minha mãe, tinha como característica marcante, que herdou do pai, a de ser uma mulher destemida, além do seu tempo. Saiu cedo de casa para estudar em Vitória e dedicou sua vida à profissão de professora. Era muito amável com os sobrinhos e, em sua casa, tudo podia, segundo o depoimento de um deles. Foi a que mais contribuiu para o crescimento da árvore da minha vida. A América, a tia Merquita, despediu-se de nós muito cedo e tive pouco tempo de convivência com ela. Era uma mulher muito meiga, mas enérgica, e gostava de fazer a vontade dos sobrinhos. Ir à sua casa era sentir-se em casa, nunca repreendia um sobrinho. A Rita, minha irmã caçula, herdou muitas das características da mãe.

A Elcida, a nossa querida tia Erci, com quem mais convivi, era uma mulher muito prestativa, ajudou a mamãe tomando conta da gente em diversos momentos. Uma vez se mudou com filhos e tudo lá para a Fazenda Velha, para que mamãe pudesse fazer um curso de habilitação profissional em Vitória. A única reclamação que tenho dela é que não deixava a gente brincar na lama depois da chuva, coisa que eu estava acostumado a fazer lá na roça. Entre as suas características marcantes, é que sabia lidar com as adversidades, e com muita classe! Tia Adair, que não ganhou um apelido, era uma mulher muito enérgica e dinâmica, mas com um senso de justiça muito grande. Muito atenciosa com todos da família, era uma mulher elegante. Tinha um tom de voz próprio, que eu achava muito bonito, e sempre que escuto a voz de sua filha Bernadete, lembro-me dela.

A tia Catarina era a guia espiritual da família. Resolveu seguir, à risca, os ensinamentos de Jesus. Viveu toda a sua vida dedicando-se ao próximo, esbanjava riqueza espiritual e pobreza material, e foi com quem tive mais proximidade ideológica. Foi embora de Calçado muito cedo para atender ao chamado de Jesus e a nossa comunicação passou a ser feita por cartas. Qual foi a minha surpresa quando, com mais de 40 anos, recebo dela um embrulho de presente com as cartas que lhe escrevia quando tinha oito anos de idade. Com o tio Geraldo, o caçula da primeira geração do vovô, convivi muito pouco. Mudou-se para o Rio de Janeiro e lá criou seus filhos. Sei que era muito prestativo, pois, quando a tia Bisica ficou viúva e sozinha, ele foi morar com a irmã para ajudar nas questões da fazenda. As características pessoais que guardo dele é que era um homem alegre e bom de conversa, tinha um papo muito agradável.

Dos filhos da primeira geração do vovô, nenhum deles está mais por aqui, mas os da segunda geração continuam entre nós, e todos muito bem.

O tio Herculano, o mais velho, tenho com ele uma relação muito boa, pois uma de suas características marcantes é o saudosismo, que é também a minha. Dizem que até parecemos fisicamente. É um contador de histórias dos bons, sabe tudo sobre a história da família. Adoro escutar as suas lembranças... São uma fonte de pesquisa. Considero meu padrinho de crisma, pois era assim que o via na infância, mesmo não tendo conseguido me crismar por questões de logística. Eu já estava ficando grande quando o bispo apareceu lá em Calçado, e mamãe, para não perder a oportunidade, deu-me de crisma para outro tio.

O tio Renato, com quem convivi muito pouco, pois mora muito distante de nós, sempre me passou a impressão de um tio moderno. Quando passava o carnaval em Calçado, ele e a esposa eram nossas companhias nos blocos. Recentemente, ele vem se aproximando novamente da família, e a sua presença entre nós é sempre muito agradável.

A tia Sonia, a caçulinha, é quase uma irmã mais velha. Temos uma relação muito próxima, é uma pessoa muito agradável e alegre, gosta de contar casos, principalmente daqueles quando morou com a gente, lá na Fazenda Velha. Eu era ainda bebê quando se mudou lá para casa. Ela conta que gostava muito de tomar conta de mim e que, um dia, ao me trocar a fralda, com a falta de jeito peculiar de uma adolescente, espetou o alfinete nos meus documentos. Dizem que chorei muito, mas sem efeitos colaterais.

Esses são os primeiros galhos que desenhei da árvore da minha vida. Espero continuar traçando novos galhos dessa árvore, contando um pouco da nossa história, por meio de um olhar muito particular.

A ÁRVORE DA MINHA VIDA: O OUTRO LADO

Não conheci o meu avô Luiz Vieira de Rezende. Quando morreu, eu ainda não havia nascido e, para falar do outro lado da árvore da minha vida, vou buscar a raiz em Maria Carlota, a vovó Lota.

A minha avó Lota era a filha mais velha do Pedro Vieira (aquele da estátua na praça), uma mulher bonachona, engraçada, que falava muito alto, uma característica da família, e sem nenhum cuidado com as palavras. Teve quatro filhos, criou todos eles na Fazenda Velha, que também era conhecida como Fazenda dos Quatro irmãos, uma referência aos seus quatro filhos.

A sua casa ficava à beira da estrada Calçado-Bom Jesus: tinha na frente um moinho de fazer fubá e, nos fundos, uma mata exuberante, que, infelizmente, foi queimada, separada do quintal da casa por um córrego de águas límpidas. Nessa mata moravam a Mula sem Cabeça, o Saci-Pererê, o Curupira e a mulher de branco, personagens que faziam parte dos meus sonhos e medos de infância.

A vovó foi mãe no início do século XX, época em que a tradição era os filhos permanecerem em casa tocando a fazenda herdada dos pais. Ela, contrariando a tradição, queria que os filhos estudassem. Só para vocês terem uma ideia, formou dois filhos em Medicina, naquela época em que os transportes eram precários. Eles se deslocavam a cavalo até a Ponte do Itabapoana, onde pegavam o trem para o Rio de Janeiro, uma viagem que demorava dois dias. O primogênito da família, o tio Aristides, nos anos 1920, estudou Medicina na antiga faculdade de Medicina do Rio de janeiro, fundada em 1808, com o nome de batismo Escola Anatômica, Cirúrgica e Médica do Rio de Janeiro.

Tio Aristides foi um personagem importante na história da gente calçadense. Além de médico, foi político, professor e um guia para todos nós da família. Era brincalhão e tinha um carinho especial com a "sobrinhada". Um homem que sabia cuidar da doença e da alma humana, com aquele seu jeito simples de ser. Gostava de sacanear a criançada: ao olhar garganta da gente, fingia que escarrava dentro da nossa boca.

Luiz, o tio Luizão, era um homem muito bacana e brincalhão... Não quis estudar, resolveu ser fazendeiro e comerciante. Lembro-me de que em seu bar vendia a melhor "mironga" que já comi em minha vida. Quando criança, me contaram um caso dele muito engraçado, que não sei se é verdade. Dizem que uma vez ele estava sonhando que fazia xixi num toco. A sua esposa, a tia Albertina, foi acordada com um líquido quente caindo em seu corpo. Qual não foi a sua surpresa ao ver o marido, em pé, com os documentos de fora, fazendo xixi em cima dela. Uma lembrança dele que guardo da minha infância é que, quando aparecia lá em casa, na Fazenda Velha, e me via brincando de carro, dirigindo uma tampa de panela, me chamava e, pegando no meu calção, por trás, fingia que dava manícula para o carro pegar.

O tio Pedro também estudou Medicina na mesma faculdade do irmão. Quando o tio Aristides estava se formando, ele iniciava o curso. Trabalhou muito pouco tempo como médico em Calçado, logo foi para Sabino, hoje Jerônimo Monteiro, e depois para Cachoeiro, onde se aposentou. Era um homem que tinha como uma de suas características a melancolia, comum na família Vieira de Rezende. Foi o tio com quem mais convivi na fase adulta da vida.

Quando me mudei para Vitória, ele, já velhinho, morava aqui também. Todas as quartas-feiras, eu saía do trabalho e passava em sua casa para tomarmos, juntos, o café. Foi nessa época que tive o prazer de conhecê-lo na alma. Conversamos muito sobre a família e sobre a vida, era um parceiro de conversas saudosistas dos bons. Falava muito da morte e tinha muita fé de que iria encontrar com a mãe e os irmãos após a sua derradeira viagem. A última vez que foi a Calçado para visitar o túmulo da mãe e os parentes, fui eu quem o levou. Quando voltávamos, ao passar em frente à Fazenda Velha, ele olhou para os lados admirando aquela paisagem que fazia parte da sua infância e me disse: "Deixe olhar bem para essas paisagens, para que eu possa guardá-las na minha retina, pois é a última vez". E foi mesmo. Ele faleceu pouco tempo depois.

O caçula da vovó foi Oscar, o meu pai. Ele era o filho mais queridinho da mãe, que o protegia muito, pois o seu sonho de estudar foi interrompido para cuidar do pai.

Papai estudava no Colégio Pedro II, no Rio de Janeiro, havia dois anos, e já se preparava para estudar Medicina, quanto teve que voltar para a fazenda e ajudar a mãe a cuidar do pai, que sofria de mal de Parkinson, e estava numa situação em que já não andava mais. Aliás, essa doença que o debilitou talvez tenha sido desencadeada por um fator emocional, causado por uma tragédia na família. O meu pai e um primo, crianças à época, foram atravessar uma pinguela de tronco de madeira sobre o rio calçado, em frente ao alambique do Pedro Vieira, e, quando o tronco rolou e os dois caíram dentro d'água, o meu pai conseguiu segurar-se no tronco, mas o primo não, foi arrastado pela correnteza, morrendo afogado. Quando vovô chegou para salvá-los, o primo já havia desaparecido nas águas do rio. Dizem que essa tragédia o deixou abalado, e a partir daí começaram os primeiros sinais da doença degenerativa.

Os quatro irmãos foram muito unidos, principalmente Aristides, Luizão e Oscar, pela proximidade física, moravam em Calçado. Todos os dias, Oscar e Aristides levantavam às quatro horas da madrugada e desciam à casa do Luizão, onde os três tomavam café e conversavam sobre a vida.

O destino não os separou por muito tempo... Em pouco mais de um ano, os três foram embora...

OS SENTIMENTOS HUMANOS

O grande Aristóteles, o pai da lógica, construiu a teoria do raciocínio humano baseado na ideia do verdadeiro e falso. Esse tipo de pensamento foi, e continua sendo, muito útil ao desenvolvimento do raciocínio científico. No entanto, na década de 1960, uma nova lógica foi desenvolvida, a lógica fuzzy, que produziu ganhos científicos extraordinários para a humanidade. Nessa nova lógica, o verdadeiro e o falso são os extremos e entre eles existem outros estados.

Transportando para o contexto dos sentimentos humanos, o raciocínio aristotélico incorpora as posições antagônicas, tais como certo e errado, belo e feio, amigo e inimigo, e assim por diante. Penso que, nesses sentimentos, devemos ser fuzzy, pois muitos sentimentos bons e produtivos estão entre esses extremos.

Especificamente, gostaria de falar do amigo, do inimigo e do estado intermediário, o adversário.

No caso do futebol, eu, que sou vascaíno roxo, tenho o Flamengo como meu grande adversário, mas nunca como meu inimigo, pois o adversário é um complemento. Se o Flamengo forma um bom time, o Vasco também quer formar, e isso é enriquecedor para ambos. Mas, se, ao contrário, o Flamengo for considerado inimigo do Vasco, eles tentariam eliminar-se mutuamente. Em algum momento, até um deles poderia conseguir o seu intento, mas seria uma vitória de Pirro, pois o outro também seria eliminado por não ter com quem jogar.

É nesse contexto que estou vendo o Brasil de hoje. Infelizmente não temos muitos adversários políticos com quem se pode argumentar, ouvir, concordar, divergir, e até vencer no campo das ideias, e, sim, inimigos políticos.

Vejam o caso do presidente Lula, de quem sempre fui eleitor e o respeito como ex-presidente, por considerar que, na minha área de atuação profissional, há mais de 40 anos, que é a educação, foi o presidente que mais fez por esse setor. E, mesmo em setores que não são a minha especialidade, a vivência de mais de 60 anos me permite argumentar que fez um bom governo. Basta uma pesquisa simples no Google para confirmar.

Alguém pode contestar-me e alegar a questão da corrupção. Tudo bem. Mas, para mim, essa questão é difusa e fácil de ganhar convencimento, mas que precisa ser olhada mais com a razão do que com a paixão, pois ela é inerente à sociedade e ao ser humano. Tenho um amigo que faz uma analogia muito interessante. Ele diz que a maior corrupção é aquela praticada pelos bancos, que, pela forma como fazem seus negócios, roubam de nós e, por incrível que pareça, é um roubo consentido, e até mesmo louvado por muitos.

Espero que vocês entendam que não estou defendendo ou tentando relativizar a corrupção, pois, em minha vida privada, procuro ficar atento para não cometer deslizes éticos, sabendo que, às vezes, escapa-me, pois sou humano.

Voltando ao Lula, para muitos, ele não é o adversário a ser vencido, a ser contestado em suas ideias, ou até mesmo condenado por crimes, verdadeiramente comprovados, que ele tenha cometido. É o inimigo a ser eliminado.

O ódio coletivo que se tem ao Lula é algo que cada um de nós – que ainda não foi contaminado – deve refletir. O bem do Brasil não está na eliminação dos nossos inimigos, mas, sim, nos arejamentos de nossas ideias e de nossos adversários.

Vamos pensar com o coração, com o cérebro, e não com o fígado.

O INVERNO DA MINHA MÃE

Gosto de fazer um paralelo entre o ciclo da vida e as estações do ano: a primavera, o verão, o outono e o inverno.

Aqueles que conseguiram chegar ao inverno em condições de bem-estar social e econômico e de saúde podem considerar-se os humanos mais sortudos do mundo. Nascer é uma questão de sorte, e de muita sorte. Imaginem quantas são as possibilidades naturais de você não nascer! Se comparado, ainda, com as possibilidades de nascer em condições humanas que permitam caminhar pelas quatro estações da vida, em condições que não sejam a da miséria humana, você ganhou umas mil vezes na loteria da vida. Refletir sobre isso é sempre bom, pois pode nos ajudar a entender um pouco desse mistério que é viver.

Mesmo assim, muitos de nós ainda se sentem angustiados com a velhice. E é sobre isso que gostaria de falar com vocês, com base em minha experiência: o inverno da mamãe.

Mamãe foi uma pessoa que, desde de nova, sempre exercitou o seu intelecto. Quando criança, já gostava de brincar de professora e, na juventude, no início dos anos 1930, se lançou ao mundo, vindo estudar em Vitória, no Colégio do Carmo, um feito muito grande para uma mulher do seu tempo.

Nunca mais parou de se dedicar à atividade intelectual: mesmo criando filhos e cuidando de casa, trabalhava, escrevia, lia muito e nos incentivava à arte da leitura. Essa foi a sua grande razão de viver.

Mas o seu inverno chegou... E chegou de forma muito dura, com a perda do seu grande companheiro, o meu pai. Com o passar do tempo, já não podia ficar sozinha em Calçado, pois a maioria dos filhos estava morando fora e a sua relação com o caçula era de muita preocupação e angústia, e ela não tinha mais forças para tal tarefa, o que nos obrigou a trazê-la para Vitória e encaminhar o caçula para tratar de sua saúde, de forma a amenizar a situação presente.

Mamãe era uma pessoa que sempre estava de bem com a vida e era incapaz de contrariar um filho, parecia estar se adaptando bem à nova vida em Vitória, mas, lá no fundo de seus olhos, era possível ver um fio de tristeza, o que incomodava muito a todos nós, filhos, pelo amor e admiração que dedicávamos a ela.

Aquele olhar triste foi se aprofundando e a perda da consciência, de forma lenta e gradual, foi tomando o seu lugar naquela mente tão ativa.

Lembro a primeira manifestação que teve... Estávamos em Manguinhos, minha família e a da Carlota, numa farra só, e ela alegre no meio dos filhos e netos. Numa noite a chamamos para descer até a Vila e assistir ao carnaval. Referi-me a ela por Nadinha, uma forma carinhosa que o seu pai a chamava. A sua reação foi um espanto para todos, brigou comigo e de forma ríspida disse que eu não tinha autorização para brincar com ela dessa forma. Foi um espanto geral: ela nunca havia falado comigo daquele jeito grosseiro, adorava as brincadeiras descontraídas que fazia com ela. Fiquei emburrado com ela por uns dois dias.

Desde aquela primeira manifestação, a sua perda de consciência foi só se agravando. Adorava ler, estava sempre com um livro na mão. Parada ora em uma página, ora com o livro de cabeça para baixo, olhando fixo para as letras, mas a altivez continuava a mesma, não perdia a pose.

No início me senti muito triste vendo aquela situação, mas, após algumas reflexões, comecei a acreditar que aquela poderia ser uma forma bonita de se despedir da vida, pois vamos perdendo a consciência da partida. Talvez seja uma bênção de Deus.

O quadro de deterioração da sua consciência foi muito rápido, não durou mais do que quatro anos. Mudou-se para Bom Jesus, foi viver com a minha irmã Ângela, cuja casa tinha mais conforto para uma pessoa no seu estado.

Foi-se apagando aos poucos. A maneira como se despediu dos filhos, dos parentes e dos amigos foi não os reconhecendo mais, até que, em uma madrugada de novembro, fechou os olhos e foi-se para o infinito.

Esse foi o inverno da vida de minha mãe.

A FILOSOFIA CALÇADENSE

Hoje resolvi falar de um tema que, quando era estudante, a gente chamava de "masturbação mental", que significa falar de um monte de coisas confusas e não falar nada – a filosofia calçadense –, ou seja, a identidade do povo calçadense nos seus pilares filosóficos.

A filosofia se sustenta em quatro pilares: a metafísica, a epistemologia, a lógica e a ética.

A metafísica do calçadense é aquela que se expressa além da realidade: somos um povo de característica saudosista, melancólica e com uma religiosidade à flor da pele. Expressamo-nos em crenças que sustentam o nosso ser como povo e nos trazem a esperança da infinitude da vida.

A nossa epistemologia, o conhecimento que nos sustenta, dá-se nas ciências humanas. A nossa tradição é muito mais das letras do que das ciências naturais. Acredito que essa identidade epistemológica venha da nossa maior tradição, o Colégio de Calçado, onde a cultura da nossa gente foi moldada, o qual sempre se identificou como um colégio das artes e das letras.

A nossa lógica como povo sempre foi a de nos expressarmos por meio de premissas negativas, o que nos levou a conclusões negativas em muitos aspectos coletivos. O desenvolvimento nunca foi um dos nossos horizontes como povo, sempre procuramos caminhos individuais para a nossa vida, e não o coletivo na construção da cidade. Assim sendo, essa lógica do pensamento calçadense nos deixou preso ao passado e se reflete na cidade presente. Uma das questões que mais saltam aos olhos sobre a nossa lógica é o rio Calçado, que morreu.

A nossa ética talvez seja o aspecto mais difícil de falar. Temos a tradição de buscar, por meio de um dos fatores do patrimonialismo, o paternalismo político, os nossos objetivos de vida profissional e social. Sempre fomos dependentes dos favores políticos, pessoais e coletivos.

Outro aspecto ético, fora do plano divino, que expressa a nossa identidade como seres únicos, na condição de espaço físico e cultural, é que nos expressamos sem tolerância com aqueles que pensam diferente. Essa sempre foi uma tradição da política em Calçado que, de certa forma, se repete hoje nas redes sociais.

Sei que esses temas são polêmicos e muitos podem discordar, mas um olhar reflexivo para a nossa origem é sempre bom, pois, às vezes, ficamos presos ao passado como se ele fosse um conto de fadas, em que só existiam reis, fadas e princesas.

No entanto uma coisa que ninguém nos tira é o orgulho de sermos calçadenses.

O CONECTAR E O DESCONECTAR DE ALMAS

Algumas vezes, em conversas com meus alunos, geralmente jovens de 18 a 25 anos, digo que a minha geração, que nasceu nos anos 1950, foi a que assistiu às maiores transformações tecnológicas na história das comunicações: saímos de uma época em que nem televisão existia para o tempo das comunicações via redes sociais. Um salto histórico extraordinário!

Procuro sempre me manter atualizado em relação a todas as tecnologias da comunicação. Não sou daqueles que ficam a olhar o passado como se fosse o meu tempo, pois o meu tempo é agora, vejo o passado como uma referência de vida.

O que isso tem a ver com conectar e desconectar almas?

Sem procurar juízo de valores, se foi melhor ou pior, naquilo que se refere à comunicação de hoje e de ontem, no início da minha a geração as conexões de almas se davam face a face, no diálogo, no sorriso, na expressão do outro e no contato social, formando uma empatia entre as almas. Assim nasciam as relações amorosas e os amigos, que nada tinham a ver com as divergências ideológicas, de costumes, religiosas ou clubistas. Já a desconexão das almas se dava quando os santos não se cruzavam. Lembram-se dessa expressão?

Tenho comigo que hoje, nas comunicações pelas redes sociais, ainda pisamos um terreno pantanoso. Tenho conversado com muitos amigos e sentido que alguns deles estão cansados dessa comunicação instantânea e até mesmo abandonando as redes sociais, e a razão é sempre a mesma: a desconexão de almas.

Eu sou, a um só tempo, observador e atuante nas redes sociais. Como atuante, tenho procurado controlar-me, sem tolher a minha liberdade de escrever o que penso, mas buscando respeitar as liberdades ideológicas, de crença e de costumes do outro, sem usar termos pejorativos com aqueles com os quais converso e não concordo. Gosto muito de um bom combate, desde de que me ajude a refletir.

Quando observo as postagens de alguns, vejo que escrevem sem pensar naquele que está do outro lado, não respeitam o que o outro pensa e agridem as suas convicções com termos que não seriam utilizados numa conversa face a face. É como se estivessem sozinhos e tudo o que pensam pode ser dito sem causar nenhuma ofensa à alma alheia. É daí que vem a desconexão de almas.

Talvez a gente precise de um código de ética natural nas redes sociais, sem imposição nem normas, apenas com a empatia de almas, como aquela que temos quando estamos à presença do outro.

Essa comunicação atual é fantástica para aproximar as pessoas, mas, se ela está afastando alguns de nós, é tempo de refletir...

VIVER POR VIVER

Alguns personagens da vida me intrigam, pois vivem apenas para viver, não são parte do sistema. A vida de cada um deles, de forma geral, é desprovida de qualquer bem material e, aos nossos olhos adestrados, se aproxima da miséria humana. Vivem com um saco de bugigangas pendurado nas costas, acompanhados por um fiel cachorro sarnento, caminhando pelas ruas e estradas do mundo.

Quando criança, lá na Fazenda Velha, convivi com muitos desses personagens, os andarilhos, que perambulavam pelas estradas da fazenda, dormindo em qualquer canto que os protegesse do vento e da chuva, vivendo da caridade alheia. Tenho comigo que não só a nossa brutal dívida social explica essa situação. Tem aí também uma alma que vivi por viver, sem contar o tempo como passado, presente ou futuro; basta-lhe estar vivo.

Hoje vou falar de calçadense que guarda semelhanças com esses personagens da vida.

Toda vez que alguém queria tirar um sarro com ele, para se mostrar esperto, tinha as repostas na ponta da língua: "Você pensa que sou bobo? Conheço Itaperuna!".

Aqueles que o conheceram sabem de quem estou falando: isso mesmo, do Zé Luzia, um dos personagens marcantes da gente calçadense. Vivia pelas ruas da cidade puxando uma carrocinha, acompanhado dos seus fiéis cachorros, com quem dividia a própria comida, carregando mudas de bananas para plantar no quintal daqueles que desejassem. A banana que plantava era boa e macia, de um tipo desconhecido, que lá em Calçado ficou conhecida como banana Zé Luzia.

Segundo me contaram, ele nasceu lá em São Benedito, na Fazenda do senhor Aristides Raggi, onde foi criado. Adorava uma carrocinha. Quando o senhor Aristides pedia que levasse um bilhete da fazenda para um fulano lá em São Benedito, pedia que levasse a carrocinha, pois, caso contrário, ele se desviava do objetivo.

Lá em Calçado, viveu na casa dos Raggi, cuidava dos meninos mais novos com um carinho muito especial. Totõe e José Augusto Raggi eram as suas preocupações, e acompanhava os dois como um cão de guarda, seguindo-os por onde andavam pela cidade. Muitos de nós, jovens à época, convivemos com ele durante as festas que aconteciam lá na naquela casa grande. Ficava o tempo todo reclamando e zangando com os jovens das farras, com medo que carregassem o José Augusto para o mal caminho.

Tenho comigo que o Zé Luzia foi abençoado pelo divino, pois não carregava o peso da preocupação com a vida, a não ser viver. Era uma pessoa de coração... Quando conseguiram aposentá-lo não mudou de vida, usava o dinheiro para ajudar aqueles que necessitavam. Ele continuou na "pobreza" material e sem nenhum cuidado com o corpo externo, porque não gostava de tomar banho. Dizia que não precisava de banho, pois, no outro dia, iria sujar tudo de novo.

Esse foi o Zé Luiza, um dos personagens marcantes de Calçado. Pela forma complexa de espiritualidade humana com a qual conduziu sua vida, com certeza trouxe um pouco mais de humanidade à gente calçadense. Viveu por viver...

UM TEMPO AO TEMPO

Desde que o homem se fez homem e deu luz à sua consciência, ele procura referências, mentais e físicas, para a sua existência: o amor, o ódio, o dinheiro, o poder a tecnologia, entre outras. Contudo acredito que a armadilha que armamos para nós mesmos foi criar referência ao tempo.

"Não corra contra o tempo, tempo é dinheiro, preciso de mais tempo, não lute contra o tempo, o tempo é o senhor da razão", e por aí vai..., mas a que considero a maior de todas as armadilhas é a expressão "no meu tempo".

Na minha convivência com o humano, vez por outra, deparo-me com aqueles que passam a referenciar o seu hoje pelo passado. São avessos aos avanços tecnológicos: não sabem e não querem aprender a usar um celular, o controle remoto da televisão, um computador e mais um monte de outras coisas que esse tempo nos traz, apoiando-se no discurso do "no meu tempo" para justificar sua relação com o tempo presente.

Tenho comigo que o meu tempo é hoje, não fico me referindo ao passado como se lá estivesse o meu tempo. O passado é uma referência para a nossa vida e é uma delícia lembrar os tempos de criança, de jovem e de adulto, pois nos fazem dar sentido à nossa vida, que é tecida com as linhas do tempo. Se fosse possível construir uma máquina do tempo para voltarmos ao passado fisicamente... mas, com a consciência de hoje, tenho certeza de que lá não encontraríamos nada do que deixamos.

Toda essa explanação é para dividir com vocês o que acontece comigo no tempo de hoje, quando muitos amigos de trabalho estão se aposentando. Alguns me questionam como continuo trabalhando se já poderia ter me aposentado há mais de seis anos. E a minha reposta é: o meu tempo ainda não chegou.

Espero que entendam que não estou criticando ninguém que se aposenta, pelo contrário. Entretanto, na minha vida, pelo menos naquilo que posso fazer escolhas, procuro ver o tempo pelo relógio da natureza e não com as referências do tempo do homem.

O MÉDICO E A POLÍTICA

Existem duas profissões que considero pilares numa sociedade: a de professor e a de médico. A primeira, por ajudar o humano na sua educação formal e compartilhar com os pais a sua formação cidadã; a segunda, por cuidar do nosso bem mais sagrado, a saúde.

Quando criança, nunca sonhei em ser médico. E olha que um dos homens que mais admiro na vida – no presente mesmo, pois ainda o tenho vivo na memória – foi um médico, o meu querido e inesquecível tio Aristides. Não fui talhado para a profissão. O sofrimento humano diante da doença me faz perder racionalidade, tão necessária ao médico nessas horas.

Ele é o responsável por cuidar do nosso mistério mais profundo da vida, que é a morte. O que mais desejamos é que não seja o mensageiro do nosso sofrimento e, sim, o da esperança. É nesse contexto de fragilidade humana que vejo o médico, por isso tenho pela profissão um respeito e admiração quase que sagrado.

Mas aonde quero chegar? À relação do médico com uma das coisas mundanas, que é a política, mas tomando o cuidado de não generalizar.

Em suas relações com a sociedade, todo o profissional da medicina deve ser político, pois como cidadão ele tem o dever de contribuir para os rumos do seu país.

No entanto, nesses momentos de divisão da sociedade brasileira, os médicos, quase como um efeito manada, resolveram tomar um lado nas discussões políticas e passaram a usar o consultório para expor as suas posições que, em muitos casos, ajudam a disseminar o ódio que está presente em nossa sociedade.

Penso que os médicos deveriam refletir um pouco a esse respeito, pois eles são profissionais muito importantes na sociedade e não acho apropriado usar esse momento de fragilidade do paciente para impor as suas ideias. Por favor, não me acusem de estar propondo "médicos sem partido", como aquela bobagem de escola sem partido.

Toda essa fala se deu em função de uma consulta que fiz nesta semana. O médico com quem me consultei é uma pessoa muito afável, não tem uma postura arrogante de imposição de ideias. Mas, por espírito de corpo, foi logo tocando no assunto e a expor seu lado nessa divisão absurda. Não me calei e argumentei educadamente os vários aspectos relacionados à verdade em uma sociedade que está vivendo essa radicalização do nós contra eles.

Ao sair, despedimo-nos, e ele gentilmente agradeceu a conversa. Saí dali satisfeito por ter conversado com alguém que foi capaz de me ouvir. Quando retornar, continuarei a conversa, mas agora escutando o seu ponto de vista.

Não tenho a pretensão de dar conselhos a ninguém, mas acredito que os médicos deveriam refletir um pouco mais sobre a sua relação com a fragilidade humana.

O DEUS DO HOMEM

Será que o homem é uma invenção de Deus ou Deus é uma invenção do homem? O certo é que, quando fui apresentado a Deus, Ele era a encarnação de um homem de barba branca, com cara de bravo, apontando o seu dedo indicador em minha direção, acusando-me de todos os pecados.

Quando criança, Deus nos mandava rezar o terço todas as noites, de joelhos, com a minha família. Não entendia o porquê daquele castigo, achava um exagero, pois não tinha feito nenhum mal que merecesse tal penitência.

É claro que alguns podem discordar e dizer que o terço era um momento sagrado em que toda a família se reunia. Tudo bem, quem pensa assim. Mas, para mim, os momentos sagrados da família eram quando mamãe nos reunia para contar histórias.

Aos domingos, íamos a Calçado para assistir à missa e escutar as pregações do padre Amando, o que confirmava a imagem que fazia de Deus. O padre, como "legítimo" interlocutor de Deus na Terra, assim diziam à época, fazia pregações afirmando que Deus tinha olhos para todos nós pecadores que estávamos na Terra. E ai de quem lhe desobedecesse, o caminho seria o inferno! Imaginava aquele "carão emburrado", de barba branca em cima das nuvens me vigiando, e não adiantava esconder em lugar algum.

Voltando à pergunta que fiz lá no início, cada vez mais me aproximo do encontro com o maior mistério da vida, que é a morte. As minhas reflexões me fazem acreditar que esse Deus seja uma invenção do homem e tem, como propósito bem definido, dominar pelo medo e causar o sofrimento em seu nome.

Não é possível acharmos normal que homens, mulheres e crianças passem fome, durmam ao relento e vivam em condições piores do que um animal! É assim mesmo que Deus fez o mundo e lutar contra isso não vale a pena, ou pior ainda, é crime? Perceberam a incoerência?

O meu Deus (pode-se até dispensar esse nome), que não consigo imaginar como seja, vive em meu coração e de lá conduz a minha vida. Às vezes, até não me dirige bem e me permite cometer injustiças com o próximo.

Em hipótese alguma estou contestando ou criticando a fé de cada um. Pelo contrário, acredito que a fé ilumina a nossa jornada pela vida e estou apenas trazendo uma reflexão: será que não estamos adorando o Deus criado pelo homem como nosso guia espiritual?

O TEMPO E O SONHO

Eu tenho cá comigo que, à medida que o tempo passa, os sonhos da gente vão acompanhando o tempo.

Não sei se com vocês acontece o mesmo, mas comigo os sonhos vão acompanhando o meu tempo.

Quando criança, num dos meus sonhos favoritos era lançado no espaço vazio e, quando estava para me esborrachar no chão, acordava. Diziam os mais velhos que era uma manifestação do meu crescimento. Já imaginei, muitas vezes, o que aconteceria se não acordasse nesse sonho! Será que eu teria morrido? Graças a Deus nunca aconteceu.

Outro tipo de sonho que também habitava o meu inconsciente infantil era aquele em que perdia os meus pais. Acordava chorando e com o coração acelerado, pois era como se a realidade se fizesse presente. Quando me dava conta de que era um sonho, tudo se acalmava e a sensação era de muito alívio.

Na adolescência, os sonhos ruins continuavam, mas a compensação vinha com aqueles sonhos maravilhosos dos prazeres da vida, principalmente o sexo. Nesses sonhos, era-nos permitido realmente sonhar: namorava as mais belas mulheres que habitavam meus sonhos e os lençóis ficavam com as marcas desse amor.

Na fase adulta, em que a preocupação estava em constituir e criar família, trabalhar e dar conta de um monte de obrigações, parece que os meus sonhos deram um tempo e ficaram quietinhos lá no meu inconsciente. Eles não foram muito significativos. Vez por outra, um pesadelo ou um sonho bom, mas nada que merecesse destaque para me lembrar deles.

Já no caminhar do meu outono, parece que os meus sonhos estão ficando com Alzheimer, tenho sonhado cada maluquice de dar gosto.

Esta noite, por exemplo, tive uma briga com o capeta... A coisa foi feia. Eu estava deitado e o capeta passava correndo ao meu redor soltando um fogaréu danado. Eu dava pernadas para todo o lado, mas não acertava o bicho de jeito nenhum, e o excomungado ria de mim com a cara mais lavada!

Até que fiz um esforço sobre-humano e dei uma pernada definitiva no bicho, acertando no meio da sua barriga. A dor que senti com a pernada foi insuportável, acordei batendo o calcanhar, com toda a força, no suporte da cama aos meus pés.

Esse, sim, foi um sonho que se tornou realidade, pois estou até agora com o calcanhar dolorido.

Começo a me preocupar com esses sonhos com o mal de Alzheimer. Já pensou se sonho que estou no banheiro após uma bela feijoada?

O PAPEL DOS PAPÉIS

Aqueles que nasceram nos anos 1950 e 1960 conviveram com uma transformação tecnológica e de costumes nunca vista na história da humanidade, em um período tão curto de tempo. Só para vocês terem uma ideia, nascemos sem a televisão e hoje estamos com os *smartphones*, que trazem o mundo às nossas mãos.

Imaginem como era viver lá em Calçado nos meados do século XX? O acesso aos produtos industrializados praticamente não existia. Um rádio, às vezes uma geladeira e mesmo um fogão a gás já eram suficientes para dar *status* ao proprietário.

Os produtos alimentícios – arroz, feijão, fubá e farinha – eram comercializados a granel e, nas vendas, ficavam expostos em grandes móveis de madeira, separados em diversos compartimentos. Quando alguém precisava de um deles, o comerciante pesava naquelas balanças de dois pratos, colocava o alimento em uma folha de papel cinza e enrolava as suas margens, formando um embrulho no formato de um pastel grande.

As carnes eram vendidas nos açougues. As carcaças dos animais eram divididas em duas bandas, que ficavam expostas e penduradas em ganchos. A higiene? Era mais do que duvidosa: moscas, mosquitos e outros insetos menos nobres estavam sempre visitando as carnes. Mas o que valia mesmo era o ditado popular: "O fogo mata tudo".

Produtos de higiene pessoal? Eram muito raros! Um sabonete, talvez.

O papel higiênico nem aparecia por lá. Se existisse, era na casa de uma outra família mais abastada. Mesmo assim, o seu uso restrito era aos sábados e domingos, ou em ocasiões em que chegasse uma visita. O comum mesmo eram aquelas tiras de papel no banheiro, penduradas por um gancho de arame. Lembram-se disso?

A merda, sem querer fazer trocadilho, é que se usava qualquer tipo de papel. Tinha o papel mais fino e delicado, tirado da revista Seleções do Read's Digest, que nem precisava cortar, pois já vinha no formato e tamanho certo. A preocupação era usar com cuidado para não furar.

O papel de jornal velho, o mais popular, era usado em abundância. Acredito que daí é que veio a expressão "cu letrado", pois, além de imprimir suas letras no fiofó, ajudava os usuários a ficar em dia com as notícias velhas. Havia também o papel de embrulhar pão e, por fim, o papel para os brutos, aquele que enrolava carne no açougue, uma verdadeira lixa.

Bem, isso na cidade onde era possível conseguir papel. Na roça, o jeito era se virar com o velho sabugo. Havia um balaio de cada lado da latrina, um para os sabugos limpos e outro para os usados. Quando o problema tinha que ser resolvido no mato, a solução ficava com as folhas das plantas, desde que não fosse a urtiga.

Depois que falei esse monte de merda, os mais educados me desculpem, mas quem viveu em Calçado nessa época não pode negar o papel desses papéis. Eles não devem ser rasgados de nossas memórias.

PERPEDIGNO LOMBADA DE LA MOSQUITO

Perpedigno era um homem muito pequeno que morava em Calçado, talvez o menor homem do mundo. Certa vez, estava tomando banho numa bacia e a sua esposa, sem perceber, jogou Perpedigno pela janela, com água e tudo. Esse foi o triste fim de Perpedigno, nem seu minúsculo corpo foi encontrado.

O melhor ponta-direita que o Americano Atlético Clube já teve foi um jogador que jogava com uma perna só e escorado por uma muleta. Foi um jogador com um drible maravilhoso e de uma rapidez incrível! Um fenômeno! Certo dia sumiu, e ninguém nunca mais ouviu falar dele.

Tudo isso embalado por uma bela canção com o seguinte refrão:

Se a perpétua cheirasse,
seria a rainha das flores,
mas como a perpétua não cheira
não é a rainha das flores.

Esses "causos" eram contados por um homem que habita as minhas memórias, um grande amigo: Afrânio Rezende da Fonseca, seu Afrânio, para os calçadenses, que foi o grande amigo adulto que tive quando adolescente. Só para vocês terem uma ideia, os seus três filhos, o Claudio, a Ana e o Zé Medina, são meus amigos até hoje, mas, quando adolescente, a minha visita à casa deles era pela amizade com o pai.

Quando eu me chateava com as "chatices" de meu pai, que lutava para corrigir as rebeldias da minha adolescência, era em seu Afrânio que encontrava o ombro amigo para um conselho, uma ponderação. Nunca tirou a razão de meu pai e nunca me repreendeu.

Não sei qual era a magia dele, mas cumpria os dois papéis com uma sabedoria ímpar, que, com certeza, foi esculpida pela sua humildade.

O tempo passou e a amizade com o seu Afrânio continuou. Nunca ia a Calçado sem passar em sua casa. As conversas mansas e alegres com ele sempre me transmitiam paz.

A última vez em que estive com seu Afrânio foi à véspera de sua viagem a Belo Horizonte, onde faria uma cirurgia cardíaca, um problema que o acompanhava desde sempre. Conversamos muito, jogamos conversa fora, falamos da cirurgia, tentando não dar importância à gravidade do caso. Saí da casa da Ana, onde ele estava hospedado, com aquele aperto no coração e uma sensação de vazio. Três dias depois, despedia-me, lá em Calçado, do meu grande amigo.

A vida é assim, uns chegam e outros vão. Mas a ida do seu Afrânio não o deixou esquecido. Até hoje, em conversas com os seus filhos e esposa, sempre me lembro, com alegria, do meu velho amigo.

EU E A MATEMÁTICA

Ah! Visto que a matemática e eu resolvemos nos casar e estamos próximos de comemorar nossas bodas de ouro, decidi contar como vem ocorrendo o nosso relacionamento.

No início foi assim: 1, 2, 3 até 10; depois, 1, 2, 3 até 100; e, para complicar, 1, 2, 3 até onde não sei. Depois que aprendi a contar para frente, ensinaram-me que tinha o "nada" no meio e que agora era para contar também para trás: -1, -2, -3 até onde não sei.

Quando acreditava que esse "até onde não sei" resolvia tudo, disseram a mim: "Você não chega até 2". Ressabiado, indaguei: mas como? "É só contar assim: 1; 1,1; 1,2... e você vai ver que não chega a dois". Fiquei espantado com isso!

Comecei, então, a brincar com essa listinha de números: somar, diminuir, multiplicar, dividir, tirei a prova dos nove e a prova real... Os problemas surgiram quando me disseram para juntar os números com as maçãs, as peras, o frio, o calor e mais um montão de coisas do nosso mundo. Daí em diante, começou o meu namoro com a matemática; foi lá na Fazenda Velha.

Ao mudar para Calçado, já estava gostando da namorada, quando surgiram dois cupidos, o Amaral, que me apresentou o carroção e a equação, e o Aderbal, que me fez viajar pelo mundo espacial. Eu não contava para ninguém sobre esse namoro e também não demonstrava a minha paixão nas provas, pois acreditava que ali o nosso namoro se encerrava e eu iria buscar novos rumos. A minha relação com ela seria apenas esporádica.

Fui para Viçosa em busca de novos amores, mas contra o destino não tem como lutar, e a matemática se apresentou bela e formosa à minha frente. Resolvemos nos casar.

No início do casamento vieram os problemas. Começamos a discutir a relação e a função de cada um, acompanhadas de conversas abstratas, cheias de "mimimi": ínfimos, supremos, derivadas integrais, plano osculador, enumeráveis, não enumeráveis e mais um montão de coisas que, às vezes, resumem-se a uma pergunta: para que serve isso?

Tenho uma amiga que, quando professora, respondia assim a essa questão: "Para você eu não sei, mas para mim eu sei e é com isso que ganho dinheiro".

Depois de 15 anos de casado e já acostumado com suas abstrações, resolvi mudar para Vitória, quando apareceu entre nós um terceiro, o computador. A minha inquieta companheira matemática decidiu, então, que eu deveria conversar com essa máquina. O bicho pegou, pois o computador é bem burrinho, só conhece dois números: 0 e 1. Além disso, para conversar com ele, só por meio de uma tal lógica de programação, uma coisa que parece não ter lógica, que só fala por sinais formados por filas de zeros e uns.

Para comemorar nossas bodas de prata, resolvemos fazer uma nova lua de mel, e o destino foi novamente Viçosa, onde nos casamos.

De volta a Viçosa, ela me ensinou a cozinhar, mas antes eu tinha, além de fazer o gás, modelar, porém a costura dos modelitos era feita por meio de um computador, que agora falava não só na língua do 0 e 1, mas numa nova língua com todos os outros números entre 0 e 1. A lógica agora era uma tal de lógica fuzzy. Nessa nossa segunda lua de mel, tive de trabalhar duro, pois a conversa não se restringia à abstração, tinha também a experimentação.

Hoje, perto de completar nossas bodas de ouro, até me aventuro a conversar com a matemática sobre assuntos que considero a razão da sua existência: a sua relação com o mundo dos homens e a sua filosofia de vida.

Depois desse longo caminhar juntos, tenho pela matemática muito amor e respeito e, sem querer ser soberbo, acho que Deus, quando criou tudo isso, fez com a matemática.

EU E AS MULHERES

As mulheres são presença forte em minha vida. Desde a minha mãe até minha neta Manuela, passando pelas irmãs, por minha companheira de mais de 30 anos e por minha filha há quase 30 anos. Essas mulheres acabaram moldando em mim uma alma feminina, e, sem soberba, acho que consigo entender um pouquinho o mundo delas, mas só um pouquinho.

A minha convivência com elas vem desde a infância, lá na Fazenda Velha. Por um período de mais de seis anos fui o único filho homem, o que fez com que a minha essência interagisse com a alma feminina. Sempre tive o prazer de estar com as mulheres e de ouvi-las. No trabalho, além de ter feito muitos amigos, construí uma legião de amigas.

Em Viçosa, onde vivi mais de 17 anos, deixei amigas que estão em meu coração, principalmente Margarida e Célia. Quando voltei para fazer doutorado na UFV, em Viçosa, essas duas amigas me papariquaram muito, desde a ajuda em questões de logística até o oferecimento de deliciosos almoços de domingo, com a presença de vários amigos. Era uma viagem no tempo!

Todavia hoje vou falar de uma mulher, a minha companheira.

Parece que os nossos destinos estavam traçados muito antes de nos conhecermos, pois seu tio estudava na UFV, uma turma depois da minha. Eu não o conhecia, a não ser de vista, mas tínhamos uma amiga em comum, que, um dia, encontrou-se com a minha companheira, recentemente saída da adolescência, lá em Londrina e disse a ela: "Você precisa conhecer um amigo meu lá de Viçosa. Ele é um gato" (palavras dela, não minha).

Ana foi estudar na UFV, e eu lá trabalhava. Os nossos destinos e os nossos olhos se entrelaçaram, e não teve jeito, o coração babou e nos casamos de alma. Depois assinamos papéis.

Vivemos momentos maravilhosos e conturbados, como todo casal, principalmente na criação dos filhos, pois é nesse momento, quando os dois assumem a mesma postura e responsabilidade em relação às crias, que a essência de cada um emerge, pois queremos transmitir aos filhos a nossa forma individual de ver o mundo.

Ela é uma mulher forte de dar gosto, um esteio, sem cuja presença me sinto desorientado. Tem as suas teimosias, pois o gene que recebeu de herança familiar é de uma teimosia muito teimosa. Vários momentos hilários aconteceram e acontecem durante esta nossa longa caminhada. Ela tem pensamento legendado e, quando está somente comigo e vê alguma coisa que considera errada, como sair e deixar a cadeira desencostada da mesa, fica falando sozinha. Já sabendo da resposta, faço questão de perguntar o que foi, e ouço: "Estou falando comigo mesma". Parece sacanagem minha, né?

Quando disse lá no início que tenho alma feminina é por acreditar que entendo um pouco a alma da minha companheira. É uma mulher muito carinhosa, sem ser melosa, mãe exigente, filha e irmã muito amiga, profissional exemplar, sabe cuidar como ninguém. Com ela, sinto-me seguro e dono da minha vida. Só uma mulher com um amor infinito é capaz de fazer um homem sentir-se assim.

Espero que essa jornada que juntos fazemos, em busca de mais amor e da sabedoria, continue...

Com todo o amor!

CALÇADO E OS SEUS "EUS"

Dizem que o homem tem dois "eus": um "eu" em que ele se apresenta para a sociedade e para aqueles que o cercam, construindo sua biografia; e outro "eu" que é só seu, em que guarda os segredos que o acompanham: os belos e os perversos.

Penso que, em uma cidade, também é assim: a sua identidade é formada por ambos os "eus" de todos os que ali nasceram.

Na nossa Calçado, os poetas e escritores da terra sempre falam do seu "eu" exterior, aquele da cidade simpatia entre montanhas e flores, berço de muitos poetas e escritores, que carrega em seus personagens a doce lembrança do passado. Eu mesmo gosto muito de falar desse "eu".

Hoje vou mudar o rumo da prosa e falar de três dos nossos segredos mais perversos guardados no outro "eu" da cidade.

Começo por uma ordem cronológica inversa.

O primeiro foi os assassinatos dos nossos Rio Calçado e Córrego Maria do Grilo. Mesmo que muitos de nós não tenham puxado o gatilho, fomos cúmplices, por omissão, de um crime que atingiu a todos.

Aquele rio fez parte do cotidiano dos calçadenses que viveram na cidade até os meados dos anos 1970. Suas águas claras e abundantes foram ponto de encontro da juventude, nos banhos de rio e passeios nas cachoeiras, principalmente a da Fazenda Velha, além de ofertar peixes à população.

O segundo está relacionado com o Montanha Clube, um dos nossos orgulhos. Ele foi construído pela "nata" da sociedade calçadense: cem sócios cotizaram para construir o clube, que foi a alegria dos conterrâneos. Os bailes eram magníficos, com o desfile de moças e senhoras em seus belos vestidos longos e de homens elegantes em seus ternos pretos. Sem falar nos carnavais que fizeram parte da minha juventude.

Pois bem, qual o segredo do Montanha Clube? A discriminação racial. Nós, uma parte dos calçadenses, discriminávamos os negros. Eles não entravam no clube, a não ser uma família que fosse formado por "pretos de alma branca", como nos referíamos a eles.

A terceira, que me marcou muito, está relacionada à atitude do nosso poder público e à conivência da população.

Certa vez, um senhor velho, negro e muito pobre, roubou algumas galinhas no quintal de um dos moradores da cidade. A polícia, atendendo prontamente o pedido do proprietário, prendeu o ladrão. Não satisfeita com sua eficiência, resolveu que deveria expor o meliante a uma humilhação pública. Pendurou as galinhas em um pau acomodado nas costas do velho e fez com que ele percorresse as ruas da cidade, acompanhado por um monte de garotos, gritando para que todos ouvissem:

— Eu sou ladrão de galinha! Eu sou ladrão de galinha! Eu sou ladrão de galinha!

Pois é, esses são alguns dos segredos perversos (considero) que a nossa cidade guarda num dos seus "eus".

Sei que, para alguns, essa história soa piegas, pois, nestes tempos de ódio, muitos sentimentos se perderam.

Deus perdoe os nossos pecados! Amém.

O MERCADOR DE ALEGRIAS

Vocês se lembram dele? Sabem por onde ele anda? Quem é ele?

Uma das maiores riquezas que considero ter em minha vida foi o privilégio e a sorte de nascer em uma pequena cidade, pois me deu a oportunidade de conhecer as pessoas que me acompanham pela vida, não só como pessoas físicas, mas também naquilo que carregam na alma, pois sempre busco a essência daqueles com quem convivo. Tenho comigo que numa cidade grande é mais difícil conhecer a alma humana.

O maior "mercador de alegrias" com quem convivi nessa jornada pela vida foi Antônio Paizinho, com letra maiúscula mesmo, pois, para mim, é esse o seu sobrenome, que vem do Pai, o Criador.

Ele morou por muito tempo com meus tios Luizão e Albertina, e a minha convivência com ele vem desde a infância. Foi uma pessoa alegre, despojada, irreverente, que sempre esteve presente nos momentos de alegria da gente calçadense. Se bem que, às vezes, até ajudava a vestir um defunto, mas esse não era o seu negócio. Cardosinho, o barbeiro, sempre foi o responsável por essa ação humanitária em Calçado.

Quando jovem, participava dos grandes momentos festivos da cidade... Era o garçom e o ajudante na organização das festas de casamento, nos banquetes para as autoridades da capital. Foi o braço direito e esquerdo da Zarife na administração do Montanha Clube. Organizava os bailes de formatura, da festa de maio, das rosas e, principalmente, os de carnaval.

Além de ajudar na estrutura do Montanha, durante as festas de Momo, à noite era o cantor... E que cantor! Com aquele seu timbre de voz característico, encantava os nossos ouvidos, acompanhando a banda dos Sá Viana nas tradicionais marchinhas do nosso carnaval.

Não era só das festas das elites calçadenses que ele cuidava. Organizava também os bailes no clube dos operários, os desfiles das escolas de samba, além de ser mestre-sala, ou seja, um multiartista, o nosso Joãozinho Trinta, como diz Joel Raggi.

Pensam que ele parou por aí, nessa vida de artista? Que nada! Já um pouco mais velho, resolveu que deveria ensinar a alegria para os jovens e, num esforço intelectual invejável, estudou e foi ser professor. O professor Antônio Paizinho.

Não tive a oportunidade de acompanhar a sua trajetória de vida nesse período, mas acredito que tenha sido um professor marcante na vida de muitos jovens, pois a sua energia, alegria e amor à vida e ao próximo constituem a sua essência.

A última vez que vi o nosso "mercador de alegrias" ele estava bem debilitado pela doença, já velhinho. Hoje, vive no asilo de idosos lá em Calçado, não sei se ainda está com as suas condições cognitivas preservadas, mas, com certeza, está levando alegria àqueles que vivem em sua companhia, pois essa é a sua missão por aqui.

Um viva ao nosso "mercador de alegrias"!

A ARTE DO FAZER

O nosso padrão de adestramento social nos leva a acreditar que a arte é uma manifestação da alma e não da razão. A razão é a que produz a racionalidade, que parece incompatível com a arte, ou seja, é a meritocracia do pensamento humano.

Tenho comigo que existe também a arte do fazer, ou seja, um dom daqueles que conseguem ser eficientes no trato com as coisas mundanas, que não são simples, pois exigem a doação da alma e da razão.

Entre as pessoas que me acompanham pela vida, conheci uma que considero a estrela da arte do fazer, a Zarife Feres.

Zarife foi um personagem calçadense que sempre ajudou a cidade a andar. Não tinha viés partidário, fosse quem fosse o prefeito, lá estava ela contribuindo com a sua razão: organizava as festas do município, sempre foi a presidente da comissão de festa, das exposições agropecuárias e até dos bingos de bezerro, para arrecadar fundos para a igreja. Não existia uma manifestação de desenvolvimento cultural e econômico do município que não contasse com a sua presença.

É claro que a sua maior atuação como "artista do fazer" foi no Montanha Clube, a eterna presidente. A sua razão permitiu que muitos de nós pudéssemos expressar os mais profundos sentimentos da alma humana. Nos bailes do Montanha, amamos, desamamos, choramos e rimos, ou seja, exercitamos nossos mais profundos sentimentos, que, com certeza, nos ajudaram a continuar a jornada da vida.

Tive uma relação pessoal muito boa com ela, respeitando sempre aquele seu jeito franco de ser. Não se escondia, falava o que sentia na lata, mostrando a sua sinceridade com o que não gostava. A minha afinidade com ela veio da infância, pois era prima de mamãe. Sempre que íamos à praia em Marataízes, ela era nossa companhia. Com exceção da minha companheira, foi a pessoa que conheci que mais gostava de praia.

Saía de Calçado para Marataízes dirigindo o seu fusquinha 61, viajando a 40 quilômetros por hora, levando um dia inteiro para chegar. Um bom corredor, tipo Joel Raggi, era capaz de correr mais rápido que o seu fusquinha. Seu único pavor era uma barata. Quando criança, passando férias em Marataízes, caçava baratas e colocava em lugares estratégicos só para escutar o seu grito. Não é que Deus me castigou! Hoje tenho pavor de barata.

Não posso deixar de destacar que, além de todos esses predicados de que falei, Zarife era apaixonada pelo Vasco e Americano, qualidades ímpares em uma pessoa.

O destino foi duro com ela, o que parece ser uma sina dos grandes artistas: teve um câncer que foi curado e, 20 anos depois, outro câncer, que, dessa vez, não conseguiu vencer.

Foi assim que Calçado se despediu da sua grande "artista do fazer"...

OS TRÊS MÉDICOS

Em Calçado, a vida de três médicos foi entrelaçada pelos mistérios da morte e do nascimento.

O início dessa história se deu com a morte de meu avô Luiz Vieira de Rezende, marido da minha avó Lota, e se conecta com o nascimento do Claudio Medina, primo e amigo, cujo destino profissional parece que foi traçado nos leitos de morte do meu avô e no do seu nascimento.

Quando vovô dava os seus últimos suspiros, preparando-se para o encontro como o maior mistério da vida, que é a morte, outro grande mistério, que é o nascimento de uma criança, começava a escrever o seu destino. Claudio Medina se preparava para vir ao mundo.

Naquela época, fim dos anos de 1940, as mortes e os nascimentos, em geral, se davam em casa, respectivamente, acompanhados de um padre para dar a extrema-unção e de uma parteira para ajudar no nascimento e a cortar o cordão umbilical.

A morte do vovô e o nascimento do Claudio foram eventos que não seguiram esse ritual e foram acompanhados por dois médicos. Meu tio Aristides acompanhava o pai no leito de morte e o doutor José Fernandes Medina acompanhava o nascimento do primeiro sobrinho.

O doutor José teve uma história muito curta em Calçado. Era filho do senhor Cruz e irmão mais velho do Paulo Medina, formou-se em medicina em Niterói e veio para Calçado trabalhar, mas foi acometido de uma doença grave, morrendo com menos de 30 anos.

O Claudio foi o primogênito de Maria José e Afrânio; o parto de sua mãe estava se tornando complicado... Doutor José, um médico ainda inexperiente, pois era recém-formado, começou a se preocupar com a saúde da irmã e da criança, pois ambas corriam risco de morte devido a algumas complicações. Como médico consciente, doutor José não teve dúvidas em procurar a ajuda de um profissional mais experiente, que, em Calçado, era o tio Aristides. Mas, por essas coincidências da vida, o velho médico não estava em Calçado e, sim, na Fazenda Velha, acompanhando o pai no leito de morte.

Não sei como a notícia das complicações do parto de Dona Maria José chegou à Fazenda Velha. Tio Aristides deixou a cabeceira da cama do pai e foi para Calçado cuidar do nascimento da criança, e o doutor José foi para a Fazenda Velha para acompanhar os últimos suspiros do vovô. A morte do vovô e o nascimento do Claudio aconteceram quase que simultaneamente, com os médicos trocados.

Não tenho argumentos racionais para afirmar que essa coincidência misteriosa de vida e de morte teve alguma influência na formação profissional do Claudio Medina. Mas é intrigante! O próprio Claudio já me contou que, desde pequeno, foi preparado para a profissão, pois sempre acompanhou o Paulo Medina e o tio Aristides nas andanças pelos quatro cantos do município, acalentando o sofrimento dos doentes.

Foi assim que esses três médicos tiveram sua vida entrelaçada.

MORRER NA MEMÓRIA

Sozinho, aqui na minha casa de campo, escutando músicas suaves que embalam a alma da gente e assistindo a um entardecer de inverno de céu límpido e de cor avermelhada deixada pelos últimos raios de sol, veio-me um estado de melancolia. Aliás, gosto do estado de melancolia, pois muitas das minhas reflexões sobre a vida e os rumos que tento dar a ela se dão quando estou nesse estado.

De repente, veio ao meu encontro um pensamento sobre o maior mistério da vida, que é a morte. Não que eu seja uma pessoa que me preocupe com ela, pelo contrário, não tenho nenhum medo e muito menos preocupação, vivo com disposição para viver sempre mais até o dia em que meus olhos cerrarem.

Fiquei aqui pensando em algumas pessoas que fazem, junto comigo, essa caminhada pela vida: umas já se foram, mas ainda estão vivas na minha memória; outras caminham ao meu lado, e espero encontrar muitas ali à frente.

Voltando às lembranças sobre morte, vocês já observaram que morremos duas vezes? Eu e todos vocês que estão comigo nessa caminhada, teremos a nossa morte física e a nossa morte na memória, pois um dia nenhum amigo, uma pessoa que nos viu, que nos tocou, com quem trocamos uma palavra que seja, estarão mais aqui. Esse é o momento da nossa segunda morte: morremos na memória.

Aonde quero chegar com este texto melancólico? Uma reflexão para que todos nós, no dia do amigo, que já tivemos amigos que se foram, continuemos a nos lembrar sempre deles, assim não antecipamos a sua segunda morte.

O PASSADO QUE NÃO PASSA

E a melancolia filosófica continua... Vocês já observaram como, às vezes, ficamos presos ao passado? Não deixamos que ele passe.

Não estou aqui falando do passado no que se refere às coisas mundanas que vivemos, fazem parte da nossa construção e são deliciosas de serem lembradas, mas, sim, do passado das coisas da alma que consomem as nossas energias.

Tenho comigo que nós, seres humanos, vivemos presos a situações sobre as quais não temos nenhum controle nem solução, que é o passado. O passado, em certas situações, nos atormenta. E talvez seja esse um dos maiores problemas da humanidade, naquilo que se costuma definir como a doença da alma.

Um amor que se foi fica a atormentar a nossa alma e não conseguimos projetar nenhuma perspectiva para o presente, nem muito menos para o futuro. Esse sentimento, que é maravilhoso enquanto o vivemos, torna-se uma tormenta quando fica preso ao passado. Assim são também as dores que muitos de nós carregamos desde a infância: um relacionamento ruim com a família, uma frustração de desejos e de perspectivas, que nem sabemos onde se encontram, acabam tornando-se um peso na vida da gente, o que leva muitos a lançar mão de medidas extremas para se livrarem desse passado, que parece estar mais presente nos tempos atuais.

Sempre que tenho a oportunidade de conversar sobre as coisas da vida com os meus e com os próximos, tento trazer à tona essa questão do passado. O que adianta ficarmos carregando esse rabo comprido, que acaba nos impedindo de movimentar o corpo e a alma? O passado só deve ser uma referência para aquilo que nos fez bem e que não fez, mas nunca para ser vivido, pois só agravam as doenças da alma.

Com este texto, não estou querendo dizer o que as pessoas devem, ou não, fazer com o seu passado, pois seria muita pretensão de minha parte. Estou apenas dividindo com vocês uma reflexão minha sobre as coisas da vida.

PARTE 4

~

As companheiras no tempo

~

PAPAI NOEL ESQUECEU-SE DE NÓS

Maria Das Dores de Rezende Raggi

Natal é sempre mágico! Decorações das mais diversas, reuniões familiares, sapatinhos posicionados à espera do Bom Velhinho, expectativas, mesas fartas, alegria, reencontros e orações para homenagear o aniversariante do dia. Tais são alguns dos componentes indispensáveis a esta data cristã.

Porém, na Fazenda Velha, as coisas não funcionavam integralmente como mandavam os costumes, mais afeitos ao mundo moderno e ao consumismo. Nada de anormal para a época e para o estilo simples da vida na roça. No entanto família reunida, orações, sapatos na janela, grande expectativa ao abrir os pequenos embrulhos, um almoço melhorado no dia 25, a missa compulsória (fosse na noite de 24, fosse na manhã seguinte), eram itens infalíveis em "nossos" natais. Num deles, lembro-me bem, Oscar Luiz, o primeiro homem da família e logo se tornando o xodó dos tios paternos, ganhou do tio Aristides (meu padrinho de batismo), um enorme caminhão de madeira. A sensibilidade daqueles tempos não era aguçada para tais detalhes. A afilhada nada ganhou naquele ano.

Por um bom período, os natais da família sofreram, digamos, alguns reveses, não pela falta dos muitos elementos de suas tradições, mas, sim, por algumas provações: Deus parecia testar a fé e a força da mamãe, que, reafirmando sua religiosidade, tinha o propósito de que a Primeira Comunhão dos filhos (no caso em questão, das três primeiras filhas) acontecesse no dia de Natal, tão logo chegasse a idade apropriada. Assim aconteceu com a Ângela, sem nenhum incidente. Preparada por D. Conceição, a catequista da Igreja de Calçado, recebeu a Primeira Eucaristia pelas mãos do padre Francisco, lá entre seus oito ou nove anos, numa manhã de 25 de dezembro.

Na sequência, a vez da Dadá. Um dezembro muito chuvoso. Porém nada demovia mamãe de sua intenção. Santa Bárbara não atendeu aos pedidos da meninada e chovia torrencialmente. Tudo preparado e bolsas arrumadas. O vestido branco, engomado, iria sozinho em uma mala de papelão, com um fecho pouco confiável. Tínhamos que pegar o ônibus da tarde, para "pernoitarmos" no internato de Calçado, administrado por tia Bisica, onde também ela mantinha seu salão de costuras. Uma família numerosa trazia considerável desacerto por onde passava. Demandava muitos leitos, muita roupa de cama, de banho, e mais "água no feijão". Mamãe costumava trazer um reforço da fazenda.

A esse tempo, tio Herculano morava conosco para estudar e completava a comitiva. Ficou encarregado de levar a mala com o vestido que Dadá usaria. Bem à entrada da nossa casa, havia uma valeta com uma pinguela. Era uma forma de escoar a água da chuva que desabaria no rio. Como qualquer adolescente irrequieto, tio Herculano declinou da pinguela e deu um salto sobre a valeta. A mala se abriu, o vestido caiu na lama e seriam necessárias uma lavagem e uma secagem rápida. Nada mais poderia ser feito em casa. Partimos assim mesmo para Calçado, onde mamãe tentaria consertar a situação. Chegando ao internato, tia Sônia e Ângela (até hoje não se sabe bem a autora do feito) foram direto ao quarto de tia Bisica mexer em seus guardados, para ver um perfume que tio Teo lhe tinha trazido do Rio. Uma preciosidade! E o pior aconteceu: o perfume espatifou-se no chão. No afã de esconder a traquinagem, limparam logo o local. Ângela exalava perfume por todos os poros. Descoberto o incidente, tio Teo (homem de grande coração, mas de nervos à flor da pele) misturou todos em um mesmo caldeirão e estourou feio. Mamãe, desapontada e envergonhada, começou a chorar. Daquele Natal, ficou-nos uma imagem marcante: ela, aos prantos, secava a ferro o vestido que Dadá usaria na sua Primeira Comunhão. Finda a missa, voltamos todos para casa, muito provavelmente no fordeco de aluguel do França. Tudo passou e a vida seguiu o seu rumo.

Chegou a minha vez. Todo o trâmite, idêntico aos demais. Detalhe: a ajudante da mamãe à época, "apresentou as contas" na manhã do dia 24 de dezembro. Como e com quem deixar as crianças? Oscar Luiz e Carlota, pequenos ainda (Paulo não havia nascido). A situação era outra, totalmente diferente da anterior. Assim, resolveu-se o impasse como deveria e, sozinha, fui para Calçado receber a minha Primeira Eucaristia. Era o Natal do ano de 1958. Dinha vestiu-me logo cedo. Dona Conceição e Elvécia (pessoa também muito prestimosa nos assuntos da Igreja) ajeitaram-me para a cerimônia e, após, para a tradicional foto de lembrança. Ninguém mais à vista! Voltei depois para casa e a vida à sua normalidade.

Mas os infortúnios não foram somente esses. Em outro Natal, um encarregado do papai, considerando a quantia recebida insignificante pelo seu trabalho, jogou o dinheiro no rosto da mamãe. Abalada com o acontecido, sua língua começou a enrolar e a expressão se transformou. Era o início de um AVC, cujos efeitos papai minimizou com uma injeção de coramina. Por precaução dos irmãos médicos, tinha, em casa, certos medicamentos emergenciais. Em razão disso, mamãe permaneceu por uns seis meses com a fala comprometida, numa cama de hospital e com um dos lados do corpo totalmente paralisado. Ela, sob os cuidados do tio Aristides, e Carlota, a mais nova da prole, sob a guarda da tia Filhota. Oscar Luiz, sem entender direito as coisas, fincava uma piorra de metal leve no braço inerte da mamãe. Dizia estar-lhe aplicando injeção, como fazia tio Aristides. Cada qual, por si mesmo, sobrevivia em meio àquela situação inusitada.

Mamãe recuperou-se sem qualquer sequela. Paulo nasceu, Rita veio morar conosco, já tendo recebido sua Primeira Eucaristia. Mudamo-nos mais tarde para Calçado e nossa vida entrou em uma fase mais equilibrada. Oscar Luiz quebrou a tradição: sua Primeira Comunhão deu-se com a visita de Nossa Senhora de Fátima a Calçado, em um mês de maio. Carlota e Paulo seguiram, mais tarde, o mesmo costume. E os nossos natais? Esses continuaram sem as luzes, sem a árvore, sem os enfeites, mas cheios de calor humano. Os almoços de 25 de dezembro, também mais elaborados. Muitos anos depois, os netos transformaram a casa da mamãe em uma balbúrdia! Fizemos as pazes com Papai Noel! Mas as sombras dos antigos acontecimentos, para nós, as três filhas mais velhas, não foram totalmente exorcizadas. Uma alegria, um tanto superficial e, por vezes, incômoda, é o sentimento que ainda resta.

O PRIMEIRO ENCONTRO COM A MORTE

Nádia Teixeira de Rezende

Plantado ao pé de uma das serras que formam o vale do Jacá, está situado o Sítio de Baixo. Casa modesta pintada de branco, cercada de bananeiras, do curral e da ceva dos porcos. Bica d'água no fundo do quintal que se desliza do pequeno trecho de capoeira. É manhã, 6h, um dia de primavera. Manhã muito clara, céu muito azul, salpicado de montículos de nuvens branquinhas. A várzea é verde e espraia-se pela estrada, ou pequeno trilho, única via de acesso ao sítio.

Saímos Joãozinho e eu, depois de despertados, ainda sonolentos, por papai, que, enérgico, reclamava o avançado da hora. Impaciente, ele dizia:

— Vão, meninos, mais depressa, não precisam tomar café. Vão mais ligeiros, porque preciso tirar o leite e voltar para o trabalho.

Preguiçosos, bocejando e espreguiçando, caminhamos com má vontade, pasto adentro.

— Ôa já, já... – eram as palavras de meu irmão ao entrar no mato. Fiquei atrás, olhos abertos à paisagem da manhã, narinas sorvendo o cheiro do mato fresco. Parava para sentir a brisa e encantava-me com as teias de aranha a brilhar aos raios do Sol, no pisca-pisca prateado do sereno sobre as folhas.

Os pássaros saltitavam cantando, bem-te-vis assustados davam conta de nossas presenças. Bichinhos, como preás e coelhos, corriam céleres.

Entramos no mato, tocando as vacas esparsas pelo pasto. Faltava uma, a Fortaleza, melhor vaca leiteira de papai.

— Cinco litros de leite! – dizia mamãe, entusiasmada, quando assistia às ordenhas.

Gritos, chamados pelo nome, andando de um lado para outro, nada encontrávamos. De repente, Joãozinho sugeriu que fôssemos até à palhada de feijão que papai estava fazendo. Para lá nos dirigimos. Avistamos a palhada. Campo limpo, muito limpo, e passamos a examiná-lo.

— Oh! Que é isso? – disse assustado o meu irmão.

— Tem uma coisa ali.

— Vamos ver o que é, Joãozinho?

Que tamanha surpresa! Estava estirada, de pernas para o alto, barriga muito grande, a coitada da Fortaleza, momento em que exclamou Joãozinho:

— Que é isso, meu Deus? A melhor vaca do papai!

Meu irmão, com mais senso prático do que eu, com seus seis anos, e eu, com apenas cinco, começamos a indagar de ninguém o que teria acontecido. Ao que ele mesmo respondeu, categórico:

— Foi mordida de cobra. Já sei. Tem muita jararaca por aqui.

Nesse momento, parei ao lado da vaca e comecei a tomar conhecimento do fato:

— Joãozinho, que é morte? Você disse que ela está morta?

Ele impaciente disse:

— Quando tudo fica parado, quando a gente não anda, não fala e fica sem mexer.

Sabia disso por causa da morte dos bezerros.

Continuei analisando e procurando entender a morte. Tudo quieto, a vaca permanecia dura, de pernas para o ar, o úbero cheio esguichando leite, que era a única coisa que se movia nela. Olhei instintivamente para o céu, querendo compreender a difícil presença da morte.

O silêncio, às vezes, era interrompido pelo pio agourento de uma coruja ou pelo zumbido das moscas azuis que já perseguiam o cadáver. O vento soprava e o céu continuava de um azul suave, enfeitado com rendado de pedacinhos de nuvens. Mais silêncio, mais brisa que balançava as árvores. O cheiro forte de terra fresca e de flores silvestres.

Pensei e procurei sentir, na pele, no ar, no céu e no verde das árvores, a explicação para o segredo da morte. Senti-me feliz, serena, diante do quadro. Respirei forte e achei graça na morte, achei que morrer fosse bonito, calmo e misterioso. Tive boa convivência com a morte nesse ambiente de ternura, que despertou em mim um sentimento inexplicável de fé.

A VOZ DO SILÊNCIO

Nádia Teixeira de Rezende

Manhã de outono. Seis horas do dia 6 de abril de 1978. Sopro frio do vento. Macio perfume exalado das flores. Tudo silêncio! Silêncio pesado a cobrir a cidade adormecida ainda.

Montanhas silenciosas espreitam do alto o dia que acaba de nascer. Voz nenhuma. Nem sussurram, em seu baloiçar, as árvores. Cães vadios passam cabisbaixos a passos lentos, com presságios agourentos.

Uma voz calou-se. Morre Jair Melo! Ele deve guardar ainda, em sua retina, esse pequeno cenário, testemunha de suas alegrias, tristezas e seus silêncios.

O barulho de um carro, na ladeira, faz tremer a quantos o esperam na praça. A expectativa é geral.

É ele que acaba de chegar! Volta para rever os amigos e a cidade que tanto serviu e amou.

Luto de três dias. De luto, os homens e a natureza calçadenses.

Sob os olhos tristes de toda a comunidade, Jair de Souza Melo vê, de seu leito de morte, desfilarem os amigos, um a um. Recebe as preces e o adeus de todos nós. Sereno, está calado hoje, quem falou durante a vida, dando testemunho do dever cumprido de maneira edificante.

Pioneiro da imprensa falada e escrita, esteve presente em todos os episódios do cotidiano da vida calçadense. Às voltas com papéis, no plaque plaque do maquinário de impressão, conviveu com os nascimentos, casamentos, notas oficiais, artigos políticos, sociais, religiosos e esportivos. Reescreveu, por assim dizer, a história de Calçado.

Manda aos ares, por meio da Difusora Calçadense, além das notícias sociais, o carnaval, as músicas de seresta, sambas, valsas dolentes e as mortes.

Foi fiel à própria consciência, guardando sempre os mais nobres princípios de ética profissional.

E agora parte, deixando-nos tristes e um vazio imenso em nosso meio.

Continua de luto o jornal *A Ordem*, calada a Difusora Calçadense. Há murmúrio de preces em todos os corações. Em nossa alma, o canto mudo da saudade. Ninguém consegue contestar o veredicto inexorável da morte.

Descanse em paz, querido mestre Jair Melo.

O PRIMEIRO ANIVERSÁRIO

Maria das Dores Teixeira de Rezende Raggi

Nossa vida na Fazenda Velha era muito simples. Desfrutávamos, porém, de algum conforto: luz elétrica, banhos quentes (uma serpentina os garantia enquanto o fogão a lenha mantivesse o calor necessário), casa "moderna" para os padrões rurais, com móveis de estilo colonial. Bem mais tarde, uma eletrola. Nela, ouvíamos alguns poucos LPs e, com o coração batendo forte, acompanhávamos os capítulos vespertinos de "Jerônimo, o herói do Sertão", pela Rádio Nacional. Comida farta, com exceção do pão de sal (as poucas unidades eram entregues no ônibus das 7h30) e da carne de boi que nos chegava, uma vez por semana, pelas mãos de Maria Olinda. Os bifes, rigorosamente distribuídos. Havia um respeito tácito! Se um fosse mais apetitoso, deixaria o outro em abstinência forçada. De uma feita, Ângela, ao chegar da escola e tendo sua porção roubada por um gato, deu-lhe uma tremenda tamancada que "o mandou desta para a melhor". O bichano foi encontrado morto horas depois. As roupas, na sua maioria, eram herdadas da prima Maria Adélia e reformadas pela Geralda, uma moradora de nossa propriedade que, sem o devido profissionalismo, era habilidosa com a tesoura.

Assim crescemos, acostumando-nos com a simplicidade das coisas. Carro era outro luxo que nunca chegamos a experimentar. O "fordeco" de aluguel do França foi, por muito tempo, nosso transporte após alguma missa de domingo ou qualquer evento que demandasse a presença de todos. Rita já havia se juntado a nós, para aumentar a prole e trazer-nos mais alegria. Mas aniversário lá em casa passava em branco, um dia como outro qualquer! Lembrancinhas, sempre as ganhávamos da mamãe (um broche, um lápis com borracha fixa, um caderno novo ou qualquer pequeno mimo, assim que lhe fosse possível comprar). A frustração por uma verdadeira comemoração era, porém, evidente. Cada qual festejava consigo mesmo, em uma silenciosa esperança, a passagem de mais um ano de existência.

Com o tempo, as dificuldades da permanência na roça foram crescendo. Mamãe lecionando no Colégio de Calçado, em dois turnos. Dos sete filhos, apenas Carlota na escola rural. Paulo, ainda pequeno e Ângela, já casada. Andávamos frequentemente a pé, da cidade até a Fazenda Velha (às vezes pintava uma carona. Alegria e vergonha se misturavam!). O percurso era feito muitas vezes sem almoço ou após filar a comida na casa da Tia Erci que, com imenso sacrifício, deixava-nos as panelas no forno, enroladas em um jornal. Fazia tudo antes de sair para o trabalho no Grupo Escolar. A situação perdurou por um bom tempo. Medidas mais efetivas deveriam ser tomadas e uma solução mais razoável para a família tornava-se imperiosa. Foi, então, que mamãe deu um ultimato ao papai e a mudança para Calçado aconteceu. A locomoção passaria a ser apenas dele, uma pessoa muito adepta a caronas. Facilitaria a vida de todos os demais, sem sacrificá-lo, nem tampouco onerá-lo.

O arranjo foi imediatamente realizado. Mudamo-nos para a casa da vovó e ela, para uma casa menor, que pertencia ao tio Luizão, do outro lado da rua. Estávamos no ano de 1966. As motivações da cidade começaram a nos envolver. Dentre tantas, a vontade contida de comemorar o "primeiro aniversário". Completaria 16 anos! Um grande entusiasmo começou a tomar conta de mim. Confabulando com as amigas, irmãos e primos, convencemos os mais velhos. Papai ainda um tanto arredio com os acontecimentos. A recepção seria regada a biscoito de champanhe e chocolate, a serem feitos pela Sebastiana (uma mestra na cozinha até hoje). Junho, mês frio, não exigiria cardápio mais adequado. Papai foi "convocado" a trazer o leite da roça para o chocolate.

Os colegas de sala, todos intimados. Também foram convidadas a Regina e a Evani, irmãs do Luiz, com quem eu já estava, digamos, "em um relacionamento embrionário e incerto". No dia marcado, tudo estava caminhando dentro da normalidade. Mas lá pelas 17h, papai chegou da fazenda de mãos vazias. Por uma distração que lhe era habitual ou por não dar a devida importância a fatos dessa natureza, esqueceu-se de trazer o leite. Tinha mandado tudo para a Cooperativa de Bom Jesus. Desse comércio vinha também o nosso sustento.

O desespero e o desapontamento me fizeram cair em um choro incontrolável, junto a muitas lamentações (essa é uma das poucas lembranças que tenho de ter chorado tão intensamente!). Os biscoitos no forno. Era a hora de fazer o chocolate. Convidados já quase chegando. Eis que Tia Erci teve a ideia salvadora. Correu ao depósito de leite em pó da merenda escolar vinda dos EUA, pela qual era responsável. Um dos lotes desse leite estava com a validade praticamente vencida e já havia sido substituído por outro, com validade maior. Não se tirou, portanto, "o leite da boca das criancinhas". Ela, "milagrosamente", transformou "água em chocolate". A vida ensinou-lhe a improvisar: seu achocolatado nada devia ao original que saboreávamos nas barraquinhas das festas de maio.

Após o entrevero, a festinha transcorreu como deveria. Os amigos compareceram, músicas da jovem guarda (muitos trouxeram discos de seus cantores preferidos), chocolate e biscoitos deliciosos, alegria, conversas animadas, presentinhos, o "Parabéns a você" e fim de festa, lá pelas 22h. Assim comemorei o meu primeiro aniversário. Depois, tantos já vieram e alguns mais poderão ainda vir. Mas o entusiasmo se foi, seja por esse ou por qualquer outro motivo que me tenha fugido da memória. Até hoje evito manifestações festivas nesse dia. Não pela consciência de que, a cada ano vivido, tem-se um a menos para viver. Mas, sobretudo, porque fatos como esses nos fazem mergulhar em direção àquele nosso "eu" que se perdeu no tempo e que não mais nos é permitido encontrar.

Creio que a recordação de momentos assim, ou de muitos outros já vivenciados, deixam-nos como legado das famílias Siqueira, Vieira, Teixeira, Rezende, Nolasco, Barroso e tantas mais, o gosto saudoso da proteção e da solidariedade inerentes a esses grandes clãs, em estilo patriarcal moderno. Contávamos, incondicionalmente, uns com os outros (avós, netos, pais, filhos, tios diretos e indiretos, primos, padrinhos, familiares e agregados). A cada uma dessas pessoas que fizeram parte de nosso convívio, devemos um pouco de nossa formação e dos valores que nos acompanham vida afora!

EM UMA FESTA DE AGOSTO

Maria das Dores Teixeira de Rezende Raggi

Já cursando a sétima série no Colégio Mercês Garcia Vieira e ainda morando na Fazenda Velha, vivíamos, Dadá e eu, insuportáveis fins de semana na roça. Papai não nos permitia ficar em Calçado, a não ser para os estudos. Assim, passando com a vovó de segunda a sexta, os feriados, sábados e domingos tinham que ser em casa. O rádio só transmitia os jogos de futebol, naquelas tristes e monótonas tardes de domingo. Perdíamos as "voltas na Praça" ou qualquer outra diversão.

Mas a Festa de Agosto, em Bom Jesus, era um dos prazeres permitidos, com a intermediação da mamãe, "grande negociadora"! Pelo fato de a Ângela, já casada, lá morar, assim como pela presença vigilante da tia Adair (que dividia sua vida entre Rosal e Bom Jesus), era-nos expedido um "alvará de soltura". Tal suporte familiar legitimava e possibilitava nossa pequena aventura. As leis, porém, eram taxativas e deveriam ser rigorosamente cumpridas: voltar no ônibus das 18h, descer na Fazenda Velha, para, no primeiro horário da segunda (6h30), viajar para Calçado e retomar a rotina de estudos, para nós, "libertadora". As nossas pequenas licenciosidades, à época, consistiam em estudar no Ginásio (o primário foi todo na roça mesmo), na convivência escolar e com os primos que lá moravam, nas brincadeiras dançantes em casas de família, nas voltas ao redor da praça com inocentes paquerinhas, em assistir às novelas nas casas das tias Erci e Filhota, em jogar queimada com os vizinhos no meio da rua, em ouvir os papos da Dinha com as amigas. Enfim, todos esses momentos eram permeados por uma alegria gratuita e saudável, por uma imensurável esperança juvenil...

Eis então que, numa dessas Festas de Agosto, lá pelos idos de 1967, resolvemos burlar as ordens do papai. Em cumplicidade com Janete (nossa companheira inseparável e frequentadora assídua daquelas festividades, com uma pequena autonomia que tia Filhota lhe proporcionava), optamos por voltar no ônibus das 22h, horário nada apropriado para moças de família. Passaríamos direto pela Fazenda Velha, dormiríamos já em Calçado e, no dia seguinte, aula normal. Com o receio natural pela transgressão, assim decidimos fazer.

E não é que, ao passarmos pelo "nosso" ponto, o ônibus parou? Era o papai. Muito bravo, chamou-nos e nos fez descer, sem mais nem menos! Da estrada até em casa (uma distância curta aos nossos olhos de hoje, mas extremamente longa naquela noite), Dadá e eu levamos saraivadas de pitos. Ele esbravejava também com os braços! A ocasião exigia criatividade e urgência. Ocorreu-me uma desculpa esfarrapada: disse-lhe que passaríamos direto porque na segunda, às seis da manhã, eu teria aula de ginástica, como se rotulava naqueles anos. Prontamente, mamãe, nesse ínterim já professora do Colégio, escreveu um bilhete à Terezinha Juliana, nossa professora de Educação Física. Justificou minha ausência às atividades daquela segunda em razão de uma indisposição repentina. Mentiu por uma causa inapropriada aos seus padrões educacionais. Mas "a roupa suja lavava-se em casa", como de costume. Só que a minha aula era na terça-feira. A cabeça tinha que maquinar algo para uma pronta solução do incidente. Não fiz outra coisa, ao longo do dia, a não ser pensar e confabular. Dadá, sempre solícita e fiel, deu-me seu apoio incondicional.

Assim foi que, trapaceando também a Dinha, nossa guardiã na casa da vovó, simulei um mal-estar na manhã de terça (cólica menstrual, muito provavelmente). Faltei à aula de Educação Física e, depois, apresentei o bilhete à Terezinha. Ao jogar todas as minhas fichas, aguardei, ansiosa e apreensiva, o desfecho. "Mentira tem pernas curtas", já apregoava o velho ditado. Mamãe e Terezinha eram colegas de trabalho, primas e muito amigas. A questão poderia vir à tona a qualquer momento. Nada aconteceu, no entanto, para meu alívio!

O tempo passou. Os três já se foram (Terezinha mais recentemente). No passado ficaram todos eles, assim como esse episódio e muitos outros, igualmente inesquecíveis. A nós, resta-nos buscar, em nossa memória longínqua, os acontecimentos jocosos e marcantes que nos conectam a tantas pessoas queridas e a um tempo remoto e feliz que os anos não mais podem nos trazer de volta!